图解实操

K线阴线买卖技法手册

曾 增◎编著

中国铁道出版社有限公司
CHINA RAILWAY PUBLISHING HOUSE CO., LTD.

图书在版编目（CIP）数据

图解实操：K线阴线买卖技法手册/曾增编著.—北京：中国铁道出版社有限公司，2023.10
ISBN 978-7-113-30364-8

Ⅰ.①图… Ⅱ.①曾… Ⅲ.①股票交易-图解 Ⅳ.①F830.91-64

中国国家版本馆CIP数据核字（2023）第123841号

书　　名	：图解实操——K线阴线买卖技法手册
	TUJIE SHICAO: K XIAN YINXIAN MAIMAI JIFA SHOUCE
作　　者	：曾　增

责任编辑：杨　旭	编辑部电话：(010) 63583183	电子邮箱：823401342@qq.com

封面设计：宿　萌
责任校对：苗　丹
责任印制：赵星辰

出版发行：中国铁道出版社有限公司（100054，北京市西城区右安门西街8号）
印　　刷：河北宝昌佳彩印刷有限公司
版　　次：2023年10月第1版　2023年10月第1次印刷
开　　本：710 mm×1 000 mm　1/16　印张：11.5　字数：171千
书　　号：ISBN 978-7-113-30364-8
定　　价：69.00元

版权所有　侵权必究

凡购买铁道版图书，如有印制质量问题，请与本社读者服务部联系调换。电话：(010) 51873174
打击盗版举报电话：(010) 63549461

前言

K线作为股市投资分析的重要工具，直接反映着股价走势变化，是每一位投资者都需要了解的重要技术分析目标。

谈及K线，就不得不区分阳线和阴线了。对于阳线，投资者通常都是喜闻乐见的，因为它常常表示市场强劲，处于涨势之中；而对于阴线，大部分投资者都是谨慎小心的，觉得阴线就意味着股价下行，市场走弱，会给自己带来经济损失。

事实真的是这样吗？其实并不是。首先，阴线有不同的形态，大阴线、中阴线、小阴线、带长上影线的阴线、带长下影线的阴线等，不同形态的阴线代表了不同的下跌力度；其次，不同阴线出现的位置不同，也具有不同的市场意义，除了简单、直接的下跌信号之外，有时还能发出见顶信号、触底信号、反弹信号和回调信号等。

掌握不同市场走势中的阴线技术分析方法，不仅能够帮助投资者有效提高操盘技能，还能使投资者快速读懂盘面信息，洞悉市场中隐藏的波动规律，进而选择更为准确的买卖交易点，最终实现获利。

为了方便读者更为高效地掌握阴线相关的操盘技能，笔者编写了本书，值得一提的是，书中内容并不是以文字叙述为主进行讲解，而是结合形态示意图进行分析，目的是帮助读者在理解理论知识的同时，能更快掌握K线阴线的投资技巧。另外，书中还配有大量的实际案例，用于剖析市场意义，指导投资者实战操作。

全书共五章，可划分为三部分：

◆ 第一部分为第一章，是K线阴线的基础内容解析，主要向读者介绍单根阴线的使用方法，以及阴线组合形态在市场中发出的买卖信号。

◆ 第二部分为第二至四章，是本书的重点内容，主要介绍一些实用性较强的阴线操盘手法，包括不同行情中的大阴线实战技巧、重要位置下的阴线买卖策略及特殊阴线形态发出的市场信息等内容。

◆ 第三部分为第五章，是能力提升部分，主要介绍阴线与技术指标的结合应用，帮助读者更精准地找到买卖时机。具体内容包括阴线与成交量组合分析、阴线与MACD指标组合分析及阴线与BOLL指标组合分析。

全书内容由浅入深、循序渐进，从阴线的基础用法到进阶分析技术，一步一步引领投资者走进K线阴线技术分析的大门。为了保证新手投资者也能轻松理解理论知识，书中使用了大量的理论图谱展示、真实案例解析，同时列明各种操盘注意事项，必要时还有拓展知识补充。

最后，希望所有读者通过对书中知识的学习，提升自己的炒股技能，收获更多的投资收益。但任何投资都存在风险，也希望广大投资者在入市和操作过程中保持理智、谨慎从事、规避风险。本书内容也仅是从知识的角度讲解相关技术的用法，并不能作为投资者实际买卖股票的唯一参考依据。

编　者

2023年6月

目录

第一章 阴线与阴线组合发出的信号

一、单根阴线发出的买卖信号 2

No.01 长下影阴线 2
实盘解读 北部湾港（000582）顶部长下影阴线分析 3

No.02 长上影阴线 4
实盘解读 宋都股份（600077）顶部长上影阴线分析 5

No.03 光头光脚阴线 6
实盘解读 安彩高科（600207）低位光头光脚大阴线分析 7

No.04 光头阴线 9
实盘解读 华润双鹤（600062）股价大幅上涨后的高位出现光头阴线 10

No.05 光脚阴线 12
实盘解读 城市传媒（600229）低位区域K线收出光脚阴线 14

二、运用经典的阴线组合研判行情 15

No.06 并列阴线 15
实盘解读 厦门钨业（600549）低位向下跳空并列阴线分析 16

No.07 三只乌鸦 18
实盘解读 振江股份（603507）三只乌鸦暴跌预警 19

No.08 黑三兵 21
实盘解读 乾景园林（603778）黑三兵止跌信号 21

No.09 下跌三颗星 23
实盘解读 中体产业（600158）高位发现下跌三颗星 24

No.10 跳空三连阴 25
实盘解读 达仁堂（600329）低位跳空三连阴分析 26

I

三、阴阳线结合的特殊形态..28

No.11 乌云盖顶..28
实盘解读 国泰集团（603977）乌云盖顶形态分析..................29

No.12 阴孕阳..31
实盘解读 银龙股份（603969）阴孕阳形态分析..................32

No.13 倾盆大雨..33
实盘解读 深圳新星（603978）倾盆大雨形态分析..................34

No.14 看跌吞没线..35
实盘解读 长源东谷（603950）看跌吞没线形态分析..................36

No.15 分手线..38
实盘解读 中国中铁（601390）分手线形态分析..................38

第二章 大阴线的位置决定市场价值

一、不同位置中的大阴线判断..42

No.01 高位反转大阴线..42
实盘解读 皖维高新（600063）高位放量大阴线转势分析..................43

No.02 中位整理大阴线..44
实盘解读 卓朗科技（600225）上涨途中整理大阴线分析..................45

No.03 下跌初期大阴线..47
实盘解读 嘉化能源（600273）下跌初期大阴线卖出分析..................47

No.04 中继加速大阴线..49
实盘解读 用友网络（600588）中继加速下跌大阴线..................50

No.05 低位下跌末期大阴线..51
实盘解读 均胜电子（600699）下跌低位大阴线分析..................52

No.06 反弹结束后的大阴线..54
实盘解读 恒顺醋业（600305）反弹拉升后的大阴线分析..................55

二、高开低走特殊大阴线判定 56

No.07 低位区域的高开低走大阴线 57
实盘解读 福田汽车（600166）低位区域股价高开低走收出大阴线 57

No.08 上涨途中的高开低走大阴线 59
实盘解读 古井贡酒（000596）上涨途中高开低走大阴线分析 60

No.09 下跌途中的高开低走大阴线 61
实盘解读 华谊集团（600623）下跌过程中高开低走大阴线分析 62

No.10 下跌末期的高开低走大阴线 64
实盘解读 江苏吴中（600200）下跌末期高开低走大阴线分析 64

第三章 重要位置的阴线买卖技巧

一、重要位置下的阴线买入法 68

No.01 股价回落到支撑线上阴线买入 68
实盘解读 湘电股份（600416）支撑线上阴线买入分析 69

No.02 箱体顶端支撑阴线买入 70
实盘解读 光明乳业（600597）股价回落箱体顶部支撑阴线买入分析 71

No.03 横刀立马支撑线上阴线买入 73
实盘解读 厦门象屿（600057）横刀立马回档时阴线买入分析 74

No.04 上升三角形支撑线上阴线买入 75
实盘解读 士兰微（600460）上升三角形支撑线上阴线买入分析 76

No.05 上升趋势线回档阴线买入 77
实盘解读 八一钢铁（600581）上升趋势线回档阴线买入分析 78

二、阴线跌破关键位置的卖出法 80

No.06 阴线跌破整理平台 80
实盘解读 越秀资本（000987）阴线跌破高位平台分析 81

No.07 阴线跌破前期低点 82
实盘解读 沧州明珠（002108）阴线跌破前期低点跌势继续 83

No.08 阴线跌破技术形态 85
   实盘解读 天通股份（600330）阴线跌破双重顶形态 86

No.09 阴线跌破均线系统 87
   实盘解读 东睦股份（600114）大阴线跌破均线系统分析 88

No.10 阴线跌破上升趋势线 90
   实盘解读 航天机电（600151）阴线跌破上升趋势线转势分析 91

No.11 前期高点长阴回落 92
   实盘解读 宁科生物（600165）前期高点处收长阴回落分析 93

第四章 特殊阴线发出的市场信号

一、十字形态的阴线 96

No.01 底部阴十字线 96
   实盘解读 华电国际（600027）股价底部阴十字线分析 97

No.02 上涨途中的阴十字线 98
   实盘解读 远兴能源（000683）上涨途中阴十字线回调分析 99

No.03 高位顶部阴十字线 101
   实盘解读 电广传媒（000917）高位阴十字线分析 102

No.04 下跌途中的阴十字线 103
   实盘解读 东方盛虹（000301）股价下行过程中阴十字线分析 104

二、一字形态的阴线 105

No.05 底部一字阴线 106
   实盘解读 东晶电子（002199）下跌底部区域一字阴线分析 107

No.06 下跌途中的一字阴线 108
   实盘解读 航天动力（600343）下行过程中一字阴线分析 109

No.07 高位的一字阴线 111
   实盘解读 国发股份（600538）高位区域一字阴线分析 111

No.08 上涨途中一字阴线 113
   实盘解读 丹化科技（600844）上涨初期一字阴线回调分析 114

三、⊥字形态阴线 115

No.09 上涨途中的⊥字阴线 116
实盘解读 双环科技（000707）股价上涨回调⊥字阴线分析 117

No.10 高位顶部的⊥字阴线 118
实盘解读 岳阳兴长（000819）股价高位⊥字阴线分析 119

No.11 下跌途中的弱势反弹⊥字阴线 121
实盘解读 宁波联合（600051）下跌途中⊥字阴线止跌反弹分析 122

No.12 反弹结束信号⊥字阴线 123
实盘解读 紫江企业（600210）反弹回升中的⊥字阴线分析 124

No.13 下跌途中的加速⊥字阴线 125
实盘解读 国新健康（000503）下跌途中的⊥字阴线助跌 126

四、T字形态阴线 127

No.14 大幅拉升后高位T字阴线 128
实盘解读 远大控股（000626）顶部区域T字阴线分析 129

No.15 低位T字阴线筑底信号 130
实盘解读 承德露露（000848）下跌后的低位T字阴线筑底 131

第五章 阴线结合技术指标综合研判

一、阴线与成交量结合 134

No.01 高位巨量长阴线 134
实盘解读 深桑达A（000032）股价顶部巨量大阴线转势分析 135

No.02 底部缩量大阴线 137
实盘解读 宝胜股份（600973）股价低位缩量大阴线分析 138

No.03 上涨途中缩量大阴线 139
实盘解读 光大嘉宝（600622）股价上涨途中缩量大阴线整理分析 140

No.04 上涨途中的缩量小阴线 142
实盘解读 中国电影（600977）上涨途中缩量小阴线整理分析 143

二、阴线与 MACD 指标结合 144

No.05 底部大阴线探底 + MACD 指标金叉 144
实盘解读 福田汽车（600166）低位大阴线 + MACD 指标金叉分析 145

No.06 高位大阴线 + MACD 指标死叉 147
实盘解读 中盐化工（600328）高位大阴线 + MACD 指标死叉分析 147

No.07 长上影阴线 + 红柱线逐渐缩短 149
实盘解读 黑牡丹（600510）长上影阴线 + 红柱线逐渐缩短分析 150

No.08 长下影阴线 + 绿柱线逐渐缩短 151
实盘解读 中牧股份（600195）长下影阴线 + 绿柱线缩短分析 152

No.09 反弹结束大阴线 + 低位死叉 154
实盘解读 宝光股份（600379）反弹结束大阴线 + MACD 指标低位死叉分析 ... 155

No.10 前期高点收阴回落 + 红柱缩短 156
实盘解读 青海春天（600381）前期高点遇阻收阴 + 红柱缩短分析 157

三、阴线与 BOLL 指标结合 158

No.11 阴线自上而下跌破上轨线 159
实盘解读 国新健康（000503）上涨途中大阴线跌破上轨线 160

No.12 阴线自上而下跌破中轨线 162
实盘解读 新金路（000510）高位大阴线自上而下跌破中轨线 163

No.13 阴线自上而下跌破下轨线 164
实盘解读 保利发展（600048）阴线自上而下跌破下轨线 165

No.14 股价反弹至中轨线附近收阴回落 167
实盘解读 许继电气（000400）股价反弹至中轨线附近收阴回落 ... 168

No.15 K 线收阴下跌 BOLL 三线同步下行 169
实盘解读 武商集团（000501）股价收阴 BOLL 指标三线下行 170

No.16 股价收阴，上轨线下行，中轨线和下轨线上行 171
实盘解读 山西焦煤（000983）股价收阴，上轨线下行，中轨线和下轨线上行 ... 172

第一章

阴线与阴线组合发出的信号

当收盘价低于开盘价，也就是股价走势呈下降趋势时，这种情况下的K线就被称为阴线。K线图中的阴线不仅能够体现当日股价的变化情况，单根阴线及多根阴线组合还能发出不同的市场信号，这些都可帮助投资者做出投资研判。但需注意的是，本书所介绍的所有买卖分析只起指导作用，不能将其作为实际买卖操作的绝对标准。

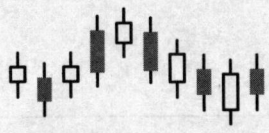
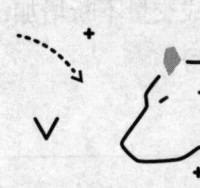

一、单根阴线发出的买卖信号

阴线的种类有很多，例如大阴线、中阴线、小阴线、光头光脚阴线等，当不同的阴线处于不同的市场位置时，代表的市场意义是不同的。此时，投资者可以从单根阴线出发，结合其所在的具体位置进行分析，找到单根阴线发出的买卖信号，做出尽量合理的投资决策。

No.01 长下影阴线

图1-1 长下影阴线示意图

长下影阴线指的是一种带较长下影线的阴线，下影线的长度通常在实体的一倍以上，上影线较短或没有上影线。长下影阴线是由于卖方力量一度非常强劲，将股价大幅拉低，但在随后多空力量的抗衡中多方占了上风，虽然后续多方花了很多的心血来拉升股价，但是在收盘前股价仍低于当日的开盘价，由此形成了一条带有长下影线的阴线。

操盘法则

长下影阴线可能出现在高位、低位、上涨、下跌等不同位置中，在不同的位置中具有不同的使用技巧。

当长下影阴线出现在上涨后的高位区域时，需要注意，这是一种卖出信号，伴随着成交量的放大，意味着股价已经见顶，抛压加重，多头衰竭，投资者应注意及时离场。

当长下影阴线出现在大幅下跌后的低位区域时，是一种买入信号。随着下方成交量不断增加，意味着多方力量在汇集，股价已经见底，是一种买入信号。

当长下影阴线出现在下跌途中时，为继续下跌的信号。在股票下跌过程中，量能大量释放，抛售带来的压力加大，导致后期股价继续下跌。

重点提示

长下影阴线的实体部分比影线短，说明卖方把价位一路压低，在低价位上，遇到买方的顽强抵抗和反击，随后买方逐渐把价位上推，最后以阴线收盘，但可以看出买方还是难以占优。

实盘解读

北部湾港（000582）顶部长下影阴线分析

图1-2为北部湾港2022年3月至4月的K线图。

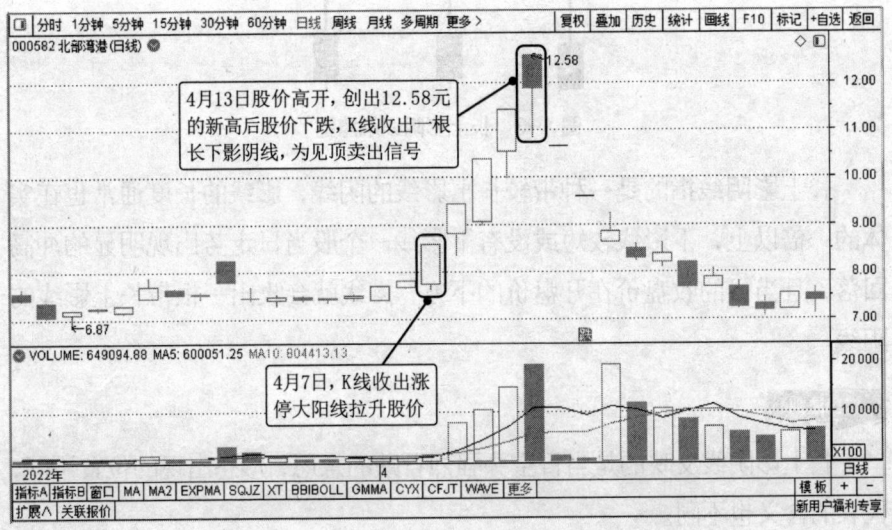

图1-2 北部湾港2022年3月至4月的K线图

从图1-2中可以看到，北部湾港前期股价一直在7.00元至8.00元进行横盘窄幅波动运行，涨跌幅度不大，下方成交量表现缩量。2022年4月7日，股价突然向上有效突破8.00元价位阻力线，K线收出一根涨停大阳线，随后连续三天收出涨停阳线，将股价拉升至11.00元价位线上方，涨幅为37.5%，涨势喜人。

4月13日，股价继续向上跳空高开，创出12.58元的新高，随后盘中空头打压股价，以11.85元收盘，K线收出一根带长下影线的阴线，下方成交量放大。在股票经过拉升之后的高位区域出现长下影阴线，且伴随着成交量放大，往往意味着股价已经见顶，抛压加重，是一种转势卖出信号。

从后市的走势可以看到，长下影阴线出现后第二天，股价便开始连续跌停，短短几个交易日便将股价拉低至 9.50 元价位线上。如果投资者看到前期的涨停大阳线后追涨买进，而没有关注到长下影阴线发出的卖出信号，则有可能遭受重大的经济损失。

No.02 长上影阴线

形态图解

图 1-3 长上影阴线示意图

长上影阴线指的是一种带较长上影线的阴线，影线的长度通常也在实体的一倍以上，下影线较短或没有下影线。个股当日走势出现明显的冲高回落，且当日的收盘价在开盘价的下方，K 线就会收出一根带长上影线的阴线。

操盘法则

长上影阴线反映的是当日空头强烈看跌的意愿，形态出现的位置不同，代表的含义也不同。

当长上影阴线出现在股价经历过一轮下跌行情后的低位区域时，往往是主力拉升前的"试盘"，后续可能会出现上涨，尤其是当其出现在重要压力位或者是前期高点附近时，信号更为明显。

当长上影线阴线出现在经过一番上涨后的股价高位时，是比较典型的高位出货信号。如果下方成交量放量，投资者最好立即离场，避免遭遇后面的大幅下跌行情。

当长上影线阴线出现在上涨途中时，很多投资者会认为上方压力较重，误以为顶部到来，抛售持股。此时应结合实际情况具体分析，如果股价前期涨幅不大，且下跌无量，说明为上涨途中的调整，后市继续看涨。

重点提示

- 股价所处的位置越高，出现长上影阴线后的风险就越大。
- 上影线的长度越长，代表上方的压力越大，风险也就越大。但是，如果在股价下跌后的低位末端出现长上影阴线，反而是上影线越长越好，这说明在下跌过程中，多方在组织力量反击，已经形成了试探性的进攻。

实盘解读

宋都股份（600077）顶部长上影阴线分析

图1-4为宋都股份2021年11月至2022年3月的K线图。

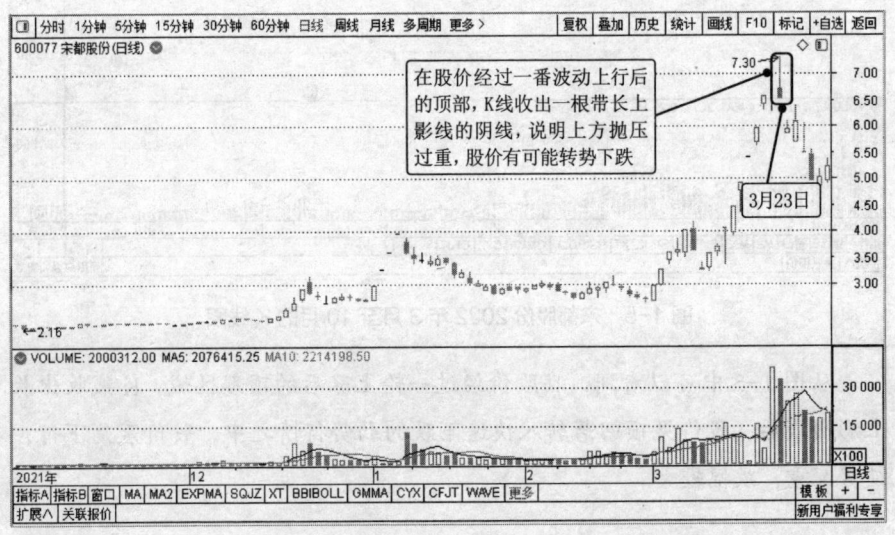

图1-4　宋都股份2021年11月至2022年3月的K线图

从图1-4中可以看到，宋都股份的股价前期经过一轮下跌行情后，运行至2.00元价位线附近的低位区域，并长期在该区域内横盘窄幅波动，走势沉闷。

2021年12月中旬，下方成交量逐渐放大推动股价向上，该股开始转

5.

入新一轮拉升行情之中。股价波动向上，经过一段时间回调后，在 2022 年 3 月连续收出阳线上涨，将股价拉升至 7.00 元价位线上方，涨幅巨大。

但在 3 月 23 日，股价突然低开低走，K 线收出一根带长上影线的阴线，将股价拉低至 6.50 元价位线附近，且下方成交量巨大。这意味着股价经过一番拉升之后，多头积极追高，但是上方抛压较重，使得高点回落，行情即将反转，是一种转势信号，投资者应立即离场。

图 1-5 为宋都股份 2022 年 3 月至 10 月的 K 线图。

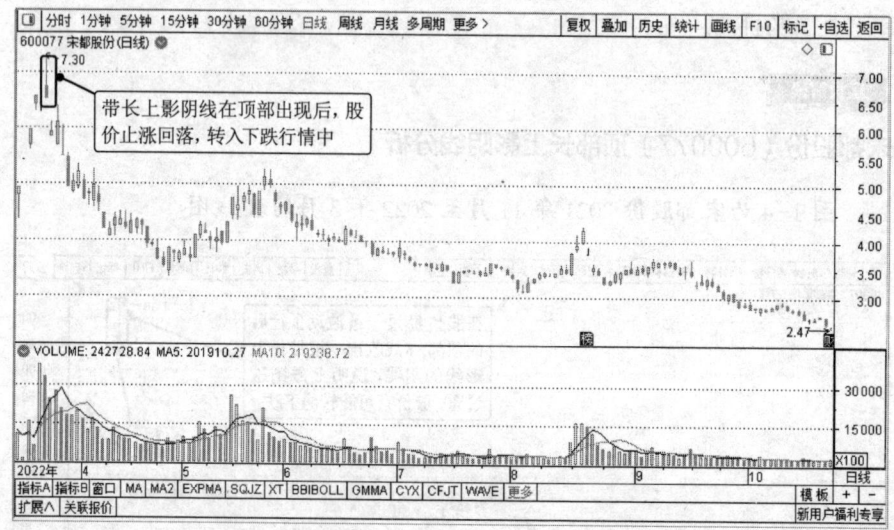

图 1-5　宋都股份 2022 年 3 月至 10 月的 K 线图

从图 1-5 中可以看到，在股价经过一轮上涨后的顶部区域，K 线收出长上影阴线后，股价见顶回落转入快速下跌的弱势行情之中，股价震荡下行，跌势沉重，跌幅较大。

No.03　光头光脚阴线

图 1-6　光头光脚阴线示意图

光头光脚阴线也称为全秃阴线，指的是只有实体没有上下影线的阴线，表示当日的开盘价就是当天的最高价，开盘后股价一路下跌，直至收盘股价都没有回升，最终以当日的最低价收盘。

光头光脚阴线的出现表明从一开始，空方就在博弈中占据了绝对的优势，持股者不断抛售手中持股，场内一片惨淡，多方抵挡无力，市场呈现出一边倒的态势，空头优势明显。

操盘法则

光头光脚阴线说明当天卖盘的力量强大，但是在不同位置的光头光脚阴线代表的意义不同。

如果光头光脚阴线在低价位区域出现，说明股市整体的压力并不大，此时的光头光脚阴线极有可能是空头的最后"宣泄"，预示着底部即将到来，投资者可以持观望态度，随时做好入场准备。

如果光头光脚阴线在上涨后的高价位区域出现，表明股价即将反转，投资者应该卖出股票，以免遭受损失。

如果光头光脚阴线出现在股价长期盘整的后期，表示投资者对股市的行情看淡，此时应该是卖出股票的时机。

如果光头光脚阴线出现在股价转势之后刚形成的下跌初期，则预示着股价还有下探的空间，投资者不宜过早抄底买入。

重点提示

◆ 实体较小的光头光脚阴线所形成的影响较小，反之则影响较大。
◆ 如果实体较大的光头光脚阴线接连出现在股价高位或底部区域，则表明多空博弈中空头已经占领了绝对的优势，变盘已经或即将到来，投资者可以积极采取相应的投资决策。

实盘解读

安彩高科（600207）低位光头光脚大阴线分析

图1-7为安彩高科2021年8月至2022年5月的K线图。

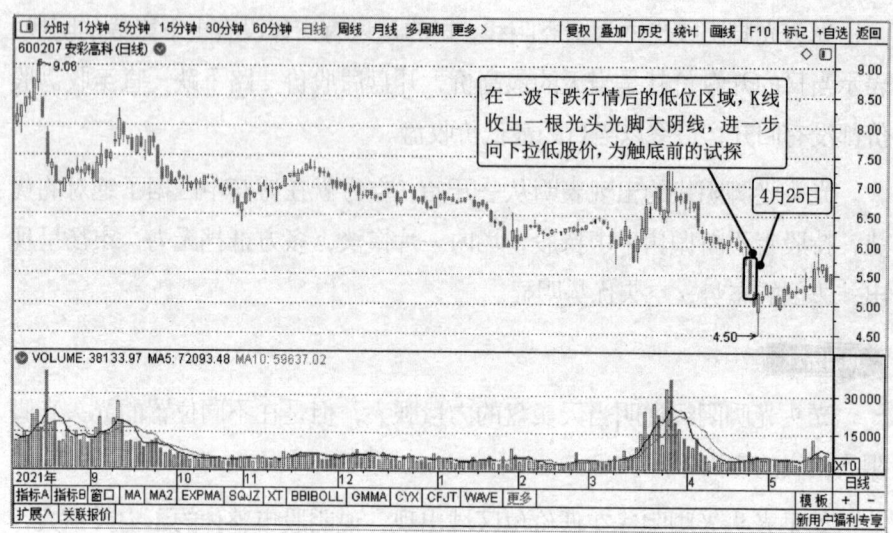

图1-7 安彩高科2021年8月至2022年5月的K线图

从图1-7中可以看到,安彩高科的股价从9.00元价位线的相对高位处向下滑落,股价波动下行表现下跌行情。2022年1月底,股价下行至6.00元价位线附近后止跌,接着在6.00元至6.50元进行横盘一段时间后,小幅突破到7.00元价位线,但很快又回落到6.00元价位线附近继续横盘。

股价多次下跌至6.00元价位线附近止跌,说明6.00元是一个重要的支撑位,股价在该价位线上横盘整理表现出筑底意味。

但紧接着,K线的连续收阴打破了投资者的分析结论,股价有效跌破6.00元价位线,并运行至6.00元价位线下方。2022年4月25日,K线更是收出一根跌幅达10.03%的光头光脚大阴线,将股价拉低至5.25元价位线附近,前期抱有筑底想法的投资者需要重新审视该股。

仔细查看可以发现,股价从9.00元上方跌至5.25元价位线附近,已经经历了近9个月的下跌行情,跌幅较大,场内的空头动能已经基本释放完全。此时的光头光脚大阴线极有可能是空头最后的"宣泄",目的在于试探底部,说明该股股价即将触底,投资者可以观望,做好进场准备。

图1-8为安彩高科2022年4月至8月的K线图。

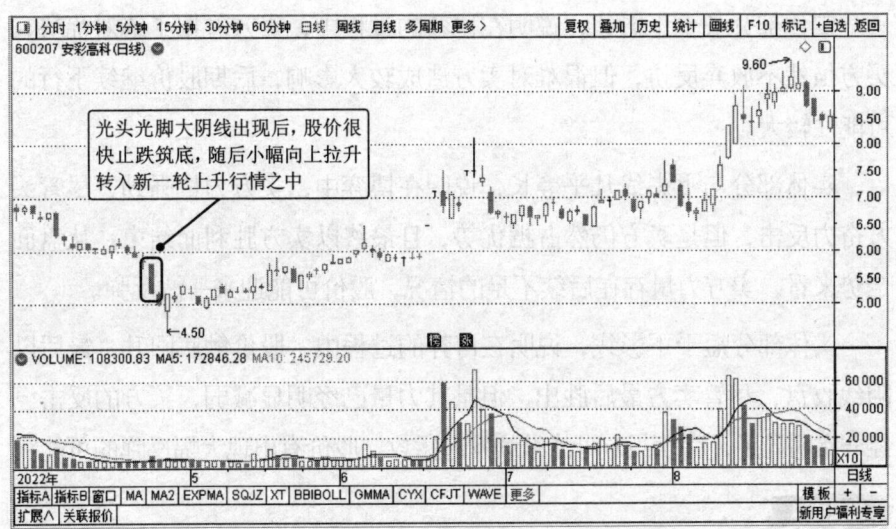

图 1-8　安彩高科 2022 年 4 月至 8 月的 K 线图

从图 1-8 中可以看到，光头光脚大阴线在低位区域出现后，股价继续小幅下行至 5.00 元价位线，在创出 4.50 元的新低后止跌，开始小幅向上拉升，K 线收出多根上涨阳线，股价筑底回升转入不断向上的强势上涨行情之中。

No.04　光头阴线

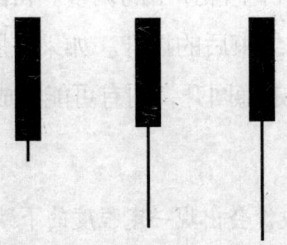

图 1-9　光头阴线示意图

光头阴线指没有上影线，只有下影线的阴线。当天开盘后，股价走势趋于下跌，当天的开盘价就是最高价，最低价则低于收盘价，由此出现光头阴线。

根据实体与影线长度的比较，可以将光头阴线分为以下三种类型。

实体部分长于下影线，说明在博弈的过程中，卖方占据了绝对优势，买方虽然不放弃反抗，但很难对卖方造成较大影响，后期股价继续下行的可能性较大。

实体部分与下影线几乎等长，说明在博弈中，卖方力量强劲，尽管买方奋力反击，但是卖方仍然占据优势，且最终以卖方胜利而结束。从盘面走势来看，卖方力量存在后续不足的情况，股价可能迎来一波反弹。

实体部分短于下影线，说明在博弈的过程中，股价触底回升，最后以阴线收盘，尽管卖方最后胜出，但是其力量已经明显减弱，买方的反击已经非常明显了，后续买方可能继续发起猛攻，股价有出现大幅反弹的可能。

操盘法则

在对光头大阴线进行实际分析时，需要结合它所出现的位置与成交量变化情况来综合判断。

如果股价已经出现较大幅度的上升，在较高价位出现光头阴线，且伴随着下方成交量放大，往往是股价见顶下跌的信号，持有者应果断抛售持股或进行减仓操作。

在股价上升的途中出现光头阴线时，如果下方成交量在股价下跌的过程中迅速萎缩，往往是股价上涨途中的调整。目的是清理场内浮筹，投资者应坚定持股，等待整理结束后的拉升。如果在股价低位区域出现光头阴线，止跌后股价能够持续走稳回升，则有可能形成一波反弹行情。

重点提示

光头阴线往往意味着股价会出现一定程度的下跌或修正，具有较强的"杀伤力"。但是投资者面对光头阴线时也应保持理智和冷静，结合光头阴线所在位置、股价涨跌幅度及成交量来分析，不要盲目跟风。

实盘解读

华润双鹤（600062）股价大幅上涨后的高位出现光头阴线

图1-10为华润双鹤2022年2月至5月的K线图。

第一章 阴线与阴线组合发出的信号

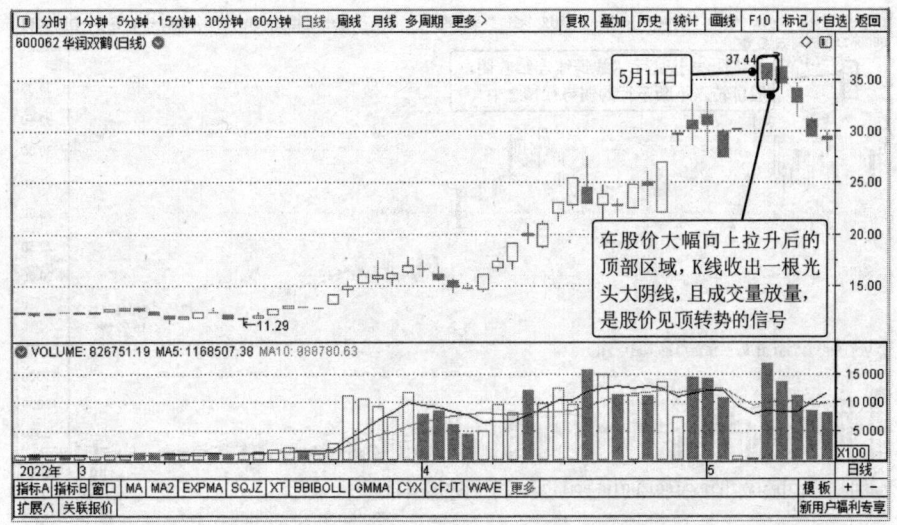

图 1-10 华润双鹤 2022 年 2 月至 5 月的 K 线图

从图 1-10 中可以看到，华润双鹤前期经过一轮大幅下跌行情后，股价运行至 11.00 元价位线附近的相对低位区域，并长期在该价位线上横盘窄幅运行，下方成交量表现缩量，市场人气低迷。

2022 年 3 月中旬，股价开始向上缓慢拉升，下方成交量配合放大，使得股价脱离底部低位区域转入新一轮上升行情之中。股价不断向上波动运行，涨势稳定，在 5 月 9 日和 5 月 10 日连续两天收出一字涨停，将股价拉升至 33.00 元价位线上方，涨势一片大好。

但在 5 月 11 日，股价却一改之前的上涨走势，向上跳空高开并达到涨停后，下午时段涨停板被打开，股价不断下行，最终 K 线收出一根光头阴线，且下方成交量明显放大，股价有可能见顶回落。

仔细查看发现，经过一个多月的拉升后，股价从 12.00 元价位线附近上涨至 35.00 元价位线上方，涨幅超 190%，涨势猛烈，涨幅巨大。结合光头阴线出现的位置，判断股价可能在此位置见顶，场内投资者应立即离场，锁定前期收益。

图 1-11 为华润双鹤 2022 年 5 月至 10 月的 K 线图。

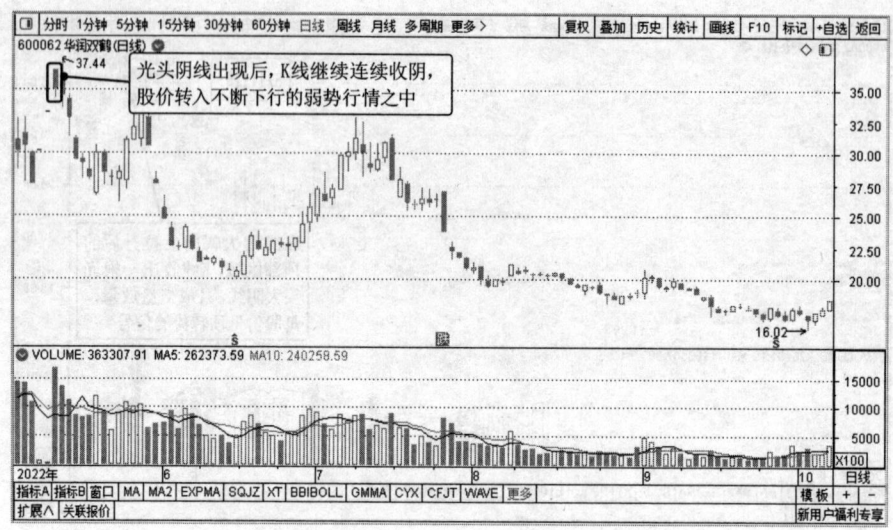

图1-11 华润双鹤2022年5月至10月的K线图

从图1-11中可以看到，5月11日K线在股价上涨后的高位区域收出一根光头阴线后，第二天股价虽在盘中向上拉升创出37.44元的新高，但很快被空头打压继续下行，最终K线收出一根带长上下影线的阴线，说明空头占据绝对优势。随后K线连续收阴，股价转入不断下行的弱势行情之中，且跌幅较大。

No.05 光脚阴线

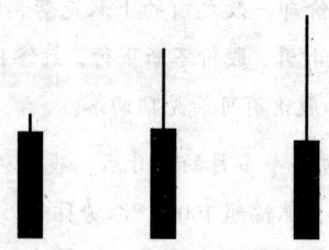

图1-12 光脚阴线示意图

光脚阴线是一种带有长上影线的阴线，当日开盘后股价出现上涨，但随后便遭到空头力量的打压，导致股价最终以阴线报收，当天的收盘价就是最低价。

12

光脚阴线与光头阴线一样，根据影线长度与实体长度的不同，将其分成三种类型。

上影线长度比实体部分长时，说明在当天的走势中，买方的反抗力度较强，虽然卖方获得了最终的胜利，但是存在力量不足的问题。如果买方在后续继续发起反攻，股价可能迎来一波反弹。

上影线与实体部分长度相当时，说明在当天的走势中，买方具有一定的反击能力且力度较强，但是相较而言，卖方的力量更为强劲，所以，在多空双方的博弈中，卖方占据优势。

上影线长度比实体部分短时，说明在当天的走势中，卖方实力强劲，且占据绝对优势。买方虽然奋力反抗，但力量差距较大，最终以失败告终。股价以全天的最低价收盘，更能说明此时卖方的抛压强劲。

操盘法则

光脚阴线出现在不同位置时，具有不同的市场意义，因此，投资者在实际分析时需要留意光脚阴线出现的位置。

如果光脚阴线出现在股价下跌后的低位区域，说明买方已经开始积累上涨的能量，但卖方仍然占据优势。投资者此时应保持关注，等待股价筑底。

如果在股价上涨初期出现光脚阴线，通常是股价上涨途中的调整，整理结束后股价还会继续向上拉升，投资者此时可以锁仓待涨，或者是高抛低吸。

如果光脚阴线出现在股价经过一轮大幅上涨后的高价区域，说明买方进攻的动能已经消耗殆尽，卖方的做空能量在不断提升和增强，且占据绝对优势，如果下方成交量出现明显放大，则进一步确定股价见顶，投资者此时应尽快离场。

重点提示

在实际操作中，光脚阴线的实体与上影线的长短不同会发出不同的买卖信号，通常上影线越长，说明上档卖盘的抛压越沉重，后市股价出现下跌的可能性就越大。

城市传媒（600229）低位区域 K 线收出光脚阴线

图 1-13 为城市传媒 2021 年 5 月至 7 月的 K 线图。

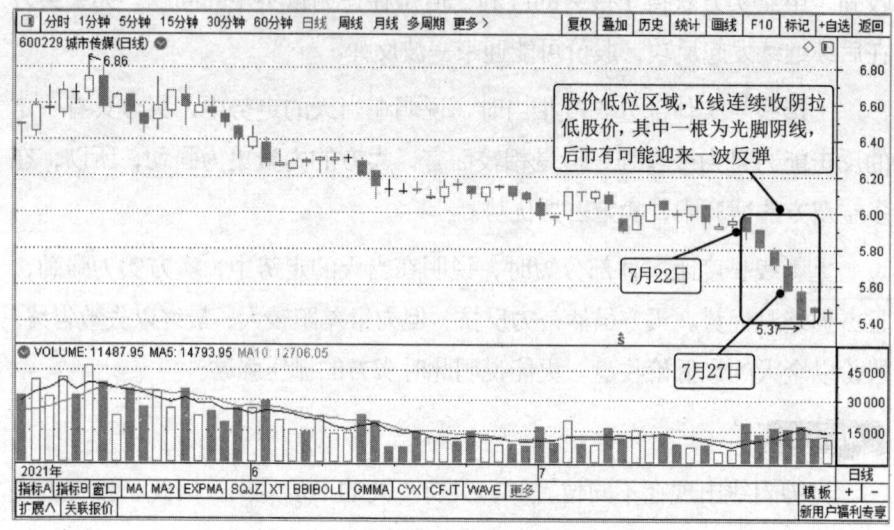

图 1-13　城市传媒 2021 年 5 月至 7 月的 K 线图

从图 1-13 中可以看到，城市传媒的股价处于不断下跌的弱势行情之中，股价不断向下波动运行。2021 年 7 月初，股价下行至 6.00 元价位线上后止跌，随后在该价位线上横盘整理运行，出现筑底迹象。

但从 7 月 22 日起，K 线连续收出几根下跌阴线，使得股价进一步下跌，且跌幅较大。仔细观察发现，7 月 27 日，K 线收出了一根带上影线的光脚阴线，说明股票虽然已经处于空头力量主导，但盘中仍有多头资金带动反弹，后续股票有可能会出现一波短线反弹，投资者可以留心关注。

后续股价继续下行，跌至 5.40 元价位线附近时止跌，并在该价位线上横盘整理，说明触底成功，投资者可以在此位置买入跟进。

图 1-14 为城市传媒 2021 年 7 月至 2022 年 1 月的 K 线图。

第一章 阴线与阴线组合发出的信号

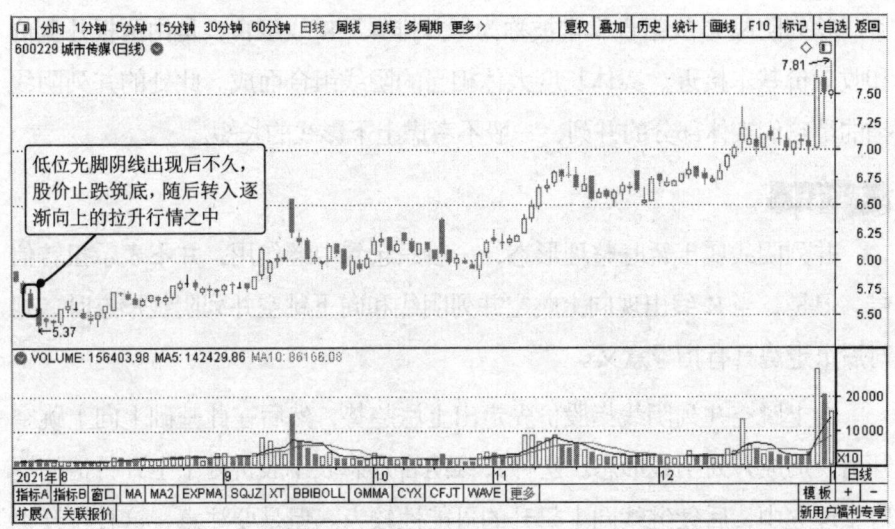

图 1-14 城市传媒 2021 年 7 月至 2022 年 1 月的 K 线图

从该股后市的股价走势来看，可以发现，光脚阴线出现后不久股价止跌筑底，短暂整理一段后开始向上攀升，转入波动向上的强势拉升行情中。

二、运用经典的阴线组合研判行情

单根 K 线有时候会存在偶然性，且容易形成虚假信号，此时投资者可以借助阴线组合来帮助判断。阴线组合指的是两根及以上的阴线组合而成的 K 线形态，常常具有特殊的市场意义，投资者如果能在市场中发现这些组合发出的信号，将在一定程度上提高自己的投资胜算。

No.06　并列阴线

图 1-15 并列阴线示意图

15.

并列阴线K线组合常常被称为"并排绿"K线组合，是由两根开盘价和收盘价基本接近、实体长度大体相当的阴线组合而成。此处的并列阴线指的是它们实体部分的并列，一般不考虑上下影线的长短。

操盘法则

并列阴线属于暂时整理形态，一般只起到中继作用，并不表示扭转信号。但是，当K线出现向上跳空并列阴线和向下跳空并列阴线形态时，则对后市走势具有指导意义。

向上跳空并列阴线指股价先走出上涨趋势，然后在此基础上向上跳空开盘，形成并列阴线形态。这种K线组合形态表示股价处于上升行情的短暂整理之中，后续继续向上攀升的可能性较大。但是要注意，这种拉升也可能是涨势难以继续维持的表现，投资者要注意判断风险。

向下跳空并列阴线指股价处于不断下行的下跌趋势之中，在此基础上股价向下跳空开盘，随后形成并列阴线走势。

这种K线组合形态表示股价仍然处于弱势行情中，向下跳空的并列阴线意味着价格的进一步下跌。但是要注意，此时场内的空头动能也可能已经减弱，跌势减缓，股价可能筑底。

重点提示

在并列阴线形态中，上下影线的长短不影响形态的研判，但要求并列阴线以向上跳空或向下跳空的形式出现，即与前一根K线的实体间有缺口。

实盘解读

厦门钨业（600549）低位向下跳空并列阴线分析

图1-16为厦门钨业2021年12月至2022年5月的K线图。

从图1-16中可以看到，厦门钨业的股价处于不断下行的下跌行情之中，股价震荡下行，跌势沉重，跌幅较大。2022年3月中旬，股价下行至18.00元价位线后止跌，小幅回升至19.00元价位线上，随后横盘。

3月25日，股价高开低走，K线收出一根阴线，股价下行至19.00元价位线下方。第二天，股价向下跳空低开收出一根小阴线，第三天K线继续收出一根小阴线，且这两根小阴线实体大致相同，并列而排，形成向下跳空并列阴线组合。

向下跳空并列阴线组合的出现，说明厦门钨业的股价仍然处于弱势行情，空头占据优势，短时间内该股继续看跌。但是，场内的空头动能随着长时间的下跌被大量消耗，跌势减缓，不久后可能触底，投资者可以持续关注等待机会。

2022年4月26日，K线收出一根小实体阴线，并创出14.10元的新低，随后股价止跌小幅回升，下方成交量配合放大。此时底部可能出现，该股即将迎来一波拉升行情，投资者可以在此位置跟进。

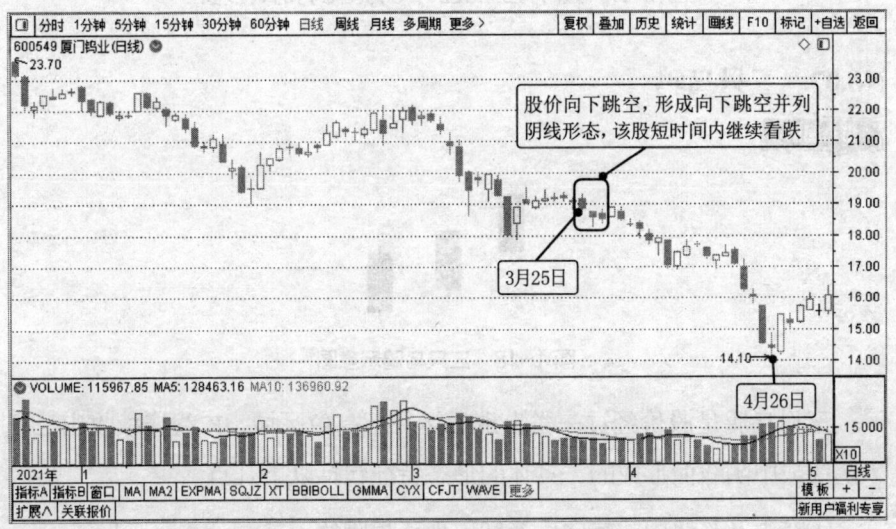

图1-16　厦门钨业2021年12月至2022年5月的K线图

图1-17为厦门钨业2022年3月至8月的K线图。

从图1-17中可以看到，向下跳空并列阴线出现后股价继续下行，但很快便在14.00元价位线附近触底，随后厦门钨业的股价转入不断向上拉升的强势上涨行情之中，且涨势迅速，涨幅较大。

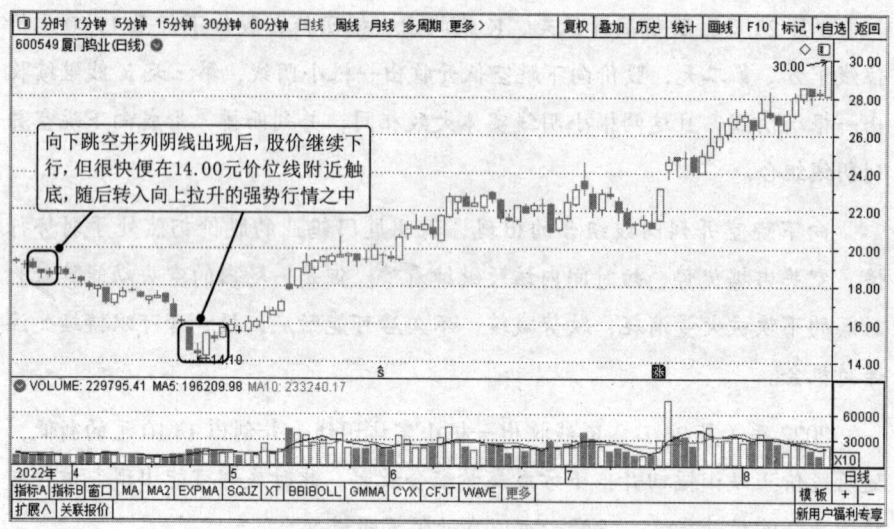

图 1-17　厦门钨业 2022 年 3 月至 8 月的 K 线图

No.07　三只乌鸦

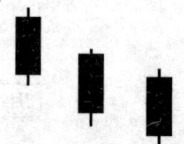

图 1-18　三只乌鸦示意图

三只乌鸦是股价经过一番上涨后运行至高位区域，K 线连续收出三根大阴线或中阴线而形成的，具体的形态特征包括以下几点。

①在上升趋势中或转向后连续出现三根阴线。

②每根阴线的收盘价低于前一根阴线的最低价。

③每天的开盘价在前一根阴线的实体之内。

④每天的收盘价等于或接近当天的最低价。

⑤第一根阴线的实体部分最好低于前一日的最高价位。

三只乌鸦是空头占据绝对优势地位、卖盘强劲的表现，是股价暴跌的前兆，因此，一旦发现该K线组合，投资者应保持高度关注，随时做好离场准备。

操盘法则

三只乌鸦通常出现在下跌趋势启动初期，说明空头取得优势并开始发力。如果每一根阴线几乎都没有上下影线，就称之为"三胎乌鸦"，预示后市下跌的意义更强。

三只乌鸦虽然在大部分情况下发出的是比较强烈的卖出信号，但是在其他位置出现的三只乌鸦，有的依旧会显示卖出信号，有的则会显示见底信号，遇到时投资者要注意区分。

重点提示

在实际的走势中，十分标准的三只乌鸦形态并不多见，尤其是"每天的收盘价等于或接近当天的最低价"这一条件很难实现，所以，在实际投资中，形态通常只要求满足其中一部分条件即可。

实盘解读

振江股份（603507）三只乌鸦暴跌预警

图1-19为振江股份2021年8月至11月的K线图。

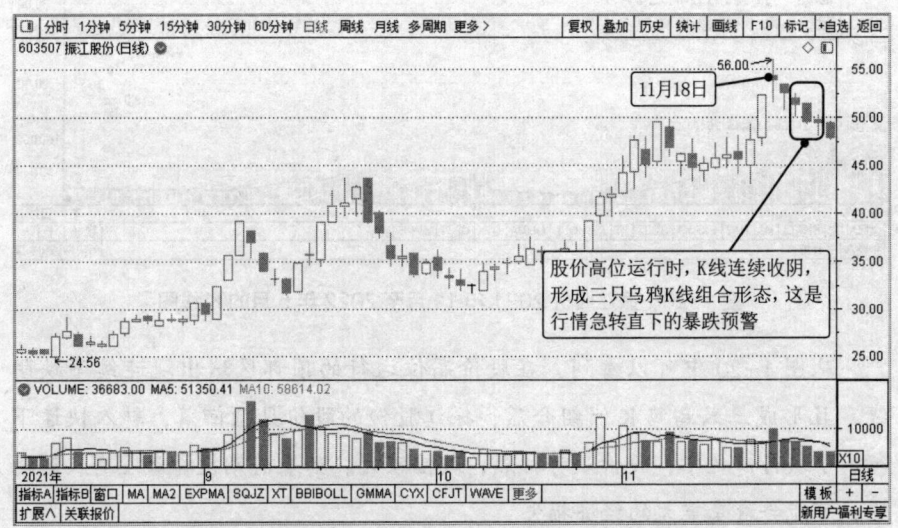

图1-19　振江股份2021年8月至11月的K线图

从图 1-19 中可以看到，振江股份的股价处于波动上行的强势拉升行情之中，股价逐浪向上，涨势稳定，涨幅较大。2021 年 11 月 18 日，股价冲高回落，K 线收出一根带长上下影线的阴线，并创出 56.00 元的新高，股价出现见顶迹象。

随后股价继续下行，K 线连续收出多根下跌阴线，仔细观察发现，11 月 22 日、11 月 23 日和 11 月 24 日形成的三根阴线，每根阴线的收盘价都低于前一根 K 线的收盘价，且每天的开盘价在前一天的实体之内，形成三只乌鸦 K 线组合。

在股价经过一轮大幅拉升后的高位区域出现三只乌鸦 K 线组合，是股价暴跌，市场急转直下的预警信号，场内的投资者应尽快抛售手中持股。

图 1-20 为振江股份 2021 年 11 月至 2022 年 5 月的 K 线图。

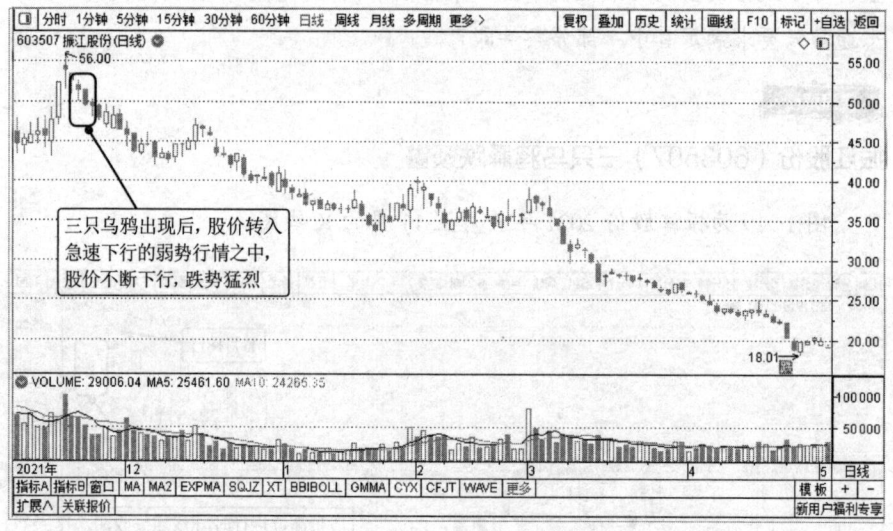

图 1-20　振江股份 2021 年 11 月至 2022 年 5 月的 K 线图

从图 1-20 中可以看到，在股价高位运行的顶部区域出现连续下跌阴线，且形成三只乌鸦 K 线组合后，振江股份的股价见顶回落，转入快速下行的下跌行情之中，股价跌势猛烈，跌幅较大。如果前期投资者没有及时离场，可能会遭受重大的经济损失。

No.08 黑三兵

图 1-21 黑三兵示意图

黑三兵 K 线组合也常常被称为"绿三兵"K 线组合，它是由三根小阴线组合而成的。三根小阴线的实体部分大小近乎相同，但是位置却一根比一根低，从图形上看就像是三个穿着黑色服装的卫兵在列队，所以称为黑三兵组合。

操盘法则

黑三兵 K 线组合可能出现在下跌后期，也可能出现在上升趋势中，投资者在实际投资中遇到黑三兵时需要结合其具体位置进行分析。

当黑三兵出现在高价位区域，或是经过一轮大幅拉升行情后，通常预示行情即将见顶，投资者应立即抛售持股，出局观望。

当黑三兵出现在低价位区域，或大幅下跌之后，则表示行情可能探底，不久后有止跌反弹的可能，投资者应多加关注。

当黑三兵出现在下跌初期或途中，则往往是中继状态，后市依然看跌。

重点提示

黑三兵形态的三根小阴线，不论是开盘价和收盘价，还是最高价和最低价，都出现顺次低落的走势，且形成过程中没有成交量的要求。

实盘解读

乾景园林（603778）黑三兵止跌信号

图 1-22 为乾景园林 2022 年 5 月至 11 月的 K 线图。

从图 1-22 中可以看到，乾景园林的股价处于不断下行的弱势行情之中，股价波动向下，跌势沉重。2022 年 7 月中旬，股价下行至 3.50 元价位线附近后跌势渐缓，随后在3.25元至3.50元进行横盘窄幅波动运行。9月下旬，K线连续收阴使得股价进一步下跌，运行至3.25元价位线下方。

9月30日、10月10日和10月11日，K线连续收出三根不断下行的小阴线，将股价拉低至3.00元价位线下方，且创出2.77元的新低。仔细观察发现这三根小阴线的开盘价、最高价、最低价、收盘价依次一根比一根低，形成了黑三兵K线组合形态。

黑三兵K线组合在股价经过一轮大幅下跌行情后的低位区域出现，说明场内的空头动能释放完全，股价有可能探底，后市可能迎来一波反弹回升走势。

图1-22　乾景园林2022年5月至11月的K线图

图1-23为乾景园林2022年9月至11月的K线图。

从图1-23中可以看到，黑三兵K线组合出现后，股价随即止跌，并在3.00元价位线上窄幅波动横盘筑底。2022年11月上旬，股价开始向上强势拉升，下方成交量配合放大，涨势迅猛。

可见，低位黑三兵组合发出的底部信号相对准确，如果投资者能够发现这一信号，及时入场，就有机会获利。

第一章 阴线与阴线组合发出的信号

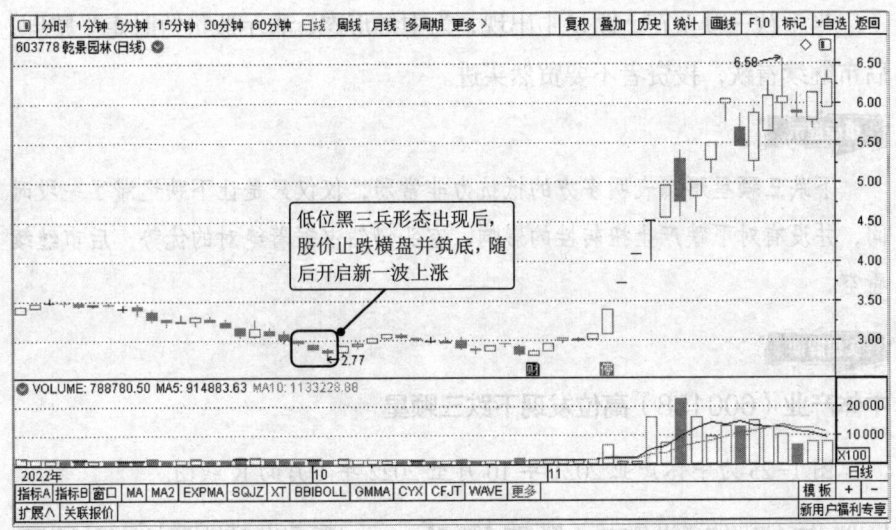

图 1-23 乾景园林 2022 年 9 月至 11 月的 K 线图

No.09 下跌三颗星

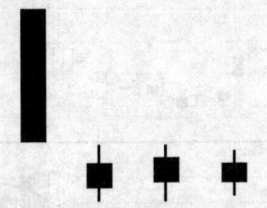

图 1-24 下跌三颗星示意图

下跌三颗星是由四根 K 线组合而成的，股价在第一天以一根中阴线或大阴线收盘，然后连续收出三根并排而立的小 K 线，小 K 线不论阴阳，十字星线也可以。

操盘法则

下跌三颗星在不同的位置出现，所代表的意义不同。

当下跌三颗星出现在下跌初期，表明市场仍处于弱势行情中，股价还有较大的下跌空间，投资者应及时离场。

当下跌三颗星在下跌途中出现，为中继形态，表示股价暂时走平整理，后市继续看跌，投资者不要贸然买进。

重点提示

下跌三颗星形态表明多方的抵抗力非常弱，仅仅只是让下跌迟滞了一段时间，并没有对下跌产生扭转性的影响，空头仍然占据着绝对的优势，后市继续看空。

实盘解读

中体产业（600158）高位发现下跌三颗星

图 1-25 为中体产业 2021 年 10 月至 2022 年 1 月的 K 线图。

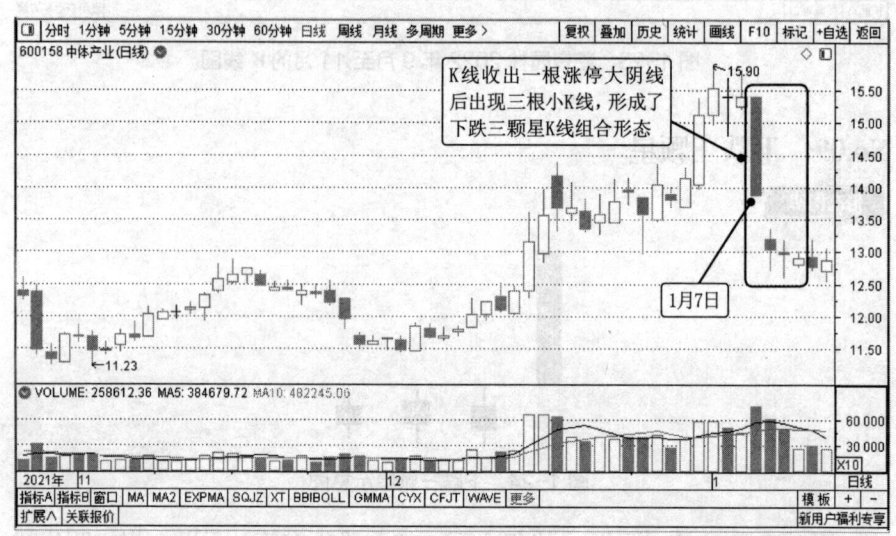

图 1-25　中体产业 2021 年 10 月至 2022 年 1 月的 K 线图

从图 1-25 中可以看到，中体产业的股价处于不断上涨的强势拉升行情之中，股价震荡向上，涨势稳定。2022 年 1 月初，股价上行至 15.50 元价位线附近，创出 15.90 元的新高后止涨，并在该价位线上横盘整理运行。

2022 年 1 月 7 日，股价开盘后便迅速下滑，跌势迅猛，直至收盘，最终 K 线以一根跌停大阴线报收。第二天，股价向下跳空低开低走，在 13.00 元价位线上收出一根小阴线，接着连续几天，股价在 13.00 元价位线上横盘小幅波动运行，K线连续收出并列的小K线，这些小K线与第一天的跌停大阴线组成下跌三颗星形态。

下跌三颗星形态出现在股价高位区域，且下方的成交量配合放大，明显是市场转跌信号，说明中体产业的这一波上涨结束，该股即将转入急速下行的下跌行情之中，场内持股投资者应注意锁定前期收益，及时离场。

图1-26为中体产业2021年12月至2022年5月的K线图。

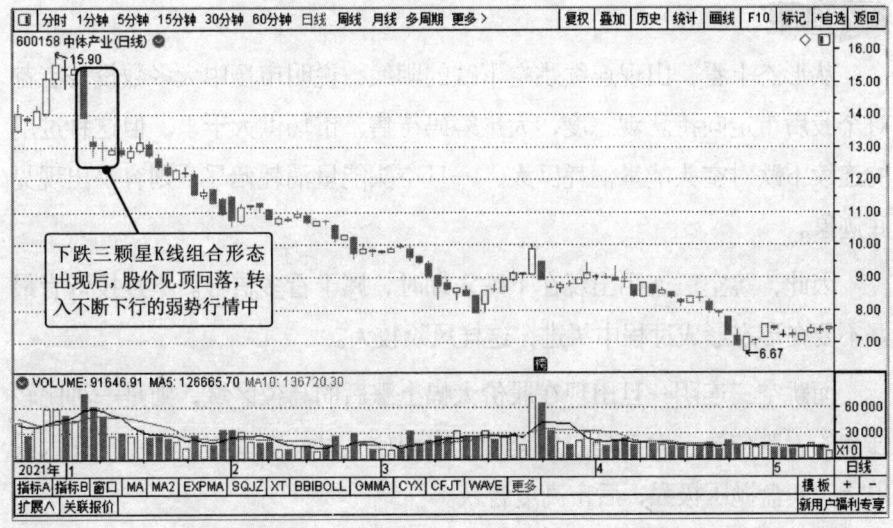

图1-26　中体产业2021年12月至2022年5月的K线图

从图1-26中可以看到，在股价上涨后的高位区域，K线形成下跌三颗星组合形态之后，股价转入急速下跌的弱势行情之中，开启了近4个月的下跌。

No.10　跳空三连阴

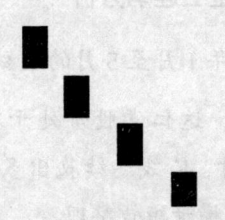

图1-27　跳空三连阴示意图

跳空三连阴形态也称为向下三空形态，它是由四根K线组成的，第一根K线可以是阳线也可以买阴线，剩余的三根K线都需要是向下跳空低开的阴线。至于阴线的实体大小、是否有上下影线及上下影线的长短等，都没有特殊要求。

简单来说，跳空三阴线中的每一根阴线都要跳空低开，且与前一根阴线之间留有完全缺口或实体缺口。

操盘法则

从形态上看，出现连续跳空下跌的阴线，说明市场中大多数投资者都对个股后市走向持悲观态度，大量筹码待售，市场供大于求。但这种过度的连续下跌对空头能量消耗巨大，一旦空头能量消耗殆尽，则容易出现见底迹象。

因此，跳空三连阴出现在下跌末期时，属于看多信号。不过投资者最好不要在形态形成过程中买进，这样风险较大。

而跳空三连阴一旦出现在股价大幅上涨后的高位区域，则是一种比较强烈的看跌信号。尤其是当成交量也出现放大时，就说明主力可能在大批出货，卖盘抛压极强，后市高度看跌。

重点提示

虽然跳空三连阴在下跌趋势后期形成是一种比较强烈的看多信号，但是因为最终的下跌幅度深不可测，因此，投资者最好不要选择跳空三连阴建仓。当股价筑底回升，并回补下跌的第三个缺口时，投资者就可以跟进。

实盘解读

达仁堂（600329）低位跳空三连阴分析

图1-28为达仁堂2022年1月至5月的K线图。

从图1-28中可以看到，达仁堂股价处于不断下行的弱势行情之中，尤其是在2022年4月上旬时，K线连续收出多根阴线，将股价快速拉低至22.00元价位线上，随后止跌横盘短暂整理。

2022年4月20日，股价平开低走收出一根阴线，跌至22.00元价位线下方，短暂的平衡状态被打破。

后续三个交易日，股价都向下跳空低开，K线收出连续阴线，形成了跳空三连阴K线组合形态，将股价拉低至19.00元价位线附近。

跳空三连阴K线组合出现在股价经过一轮下跌行情后的低位区域，且股价下行过程中成交量表现缩量，说明在连续、长期的下跌过程中，场内的空头能量已经被充分消耗，股价可能触底反弹，迎来一波上涨。

谨慎的投资者此时可以在场外关注，等待机会；而激进的投资者可以在股价触底后适量买进，以期抄底。

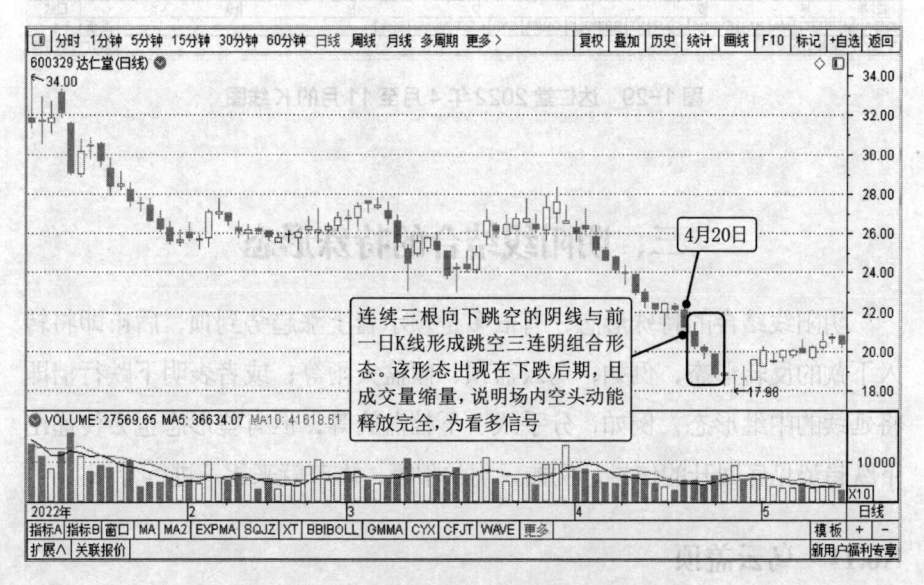

图1-28 达仁堂2022年1月至5月的K线图

图1-29为达仁堂2022年4月至11月的K线图。

从图1-29中的走势可以看到，跳空三阴线出现后不久股价在18.00元价位线附近止跌，随后转入了波动上行的新一轮上涨行情中。

对于投资者来说，当股价继续向上，回补跳空三连阴K线组合的第三个缺口时，说明涨势基本确定，可以买入跟进。

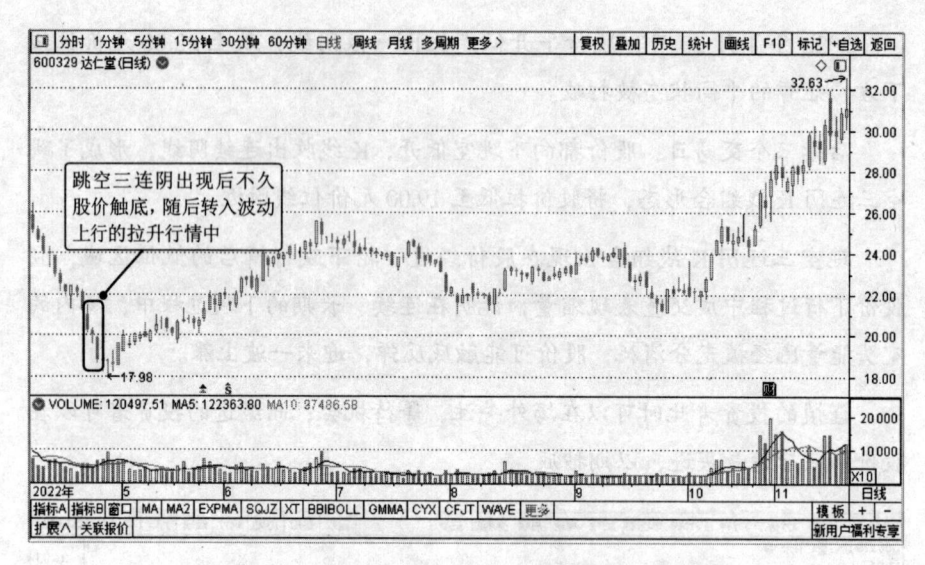

图 1-29　达仁堂 2022 年 4 月至 11 月的 K 线图

图中标注：跳空三连阴出现后不久股价触底，随后转入波动上行的拉升行情中

三、阴阳线结合的特殊形态

阴阳线结合的特殊形态，有很多是预示着上涨趋势到顶，后市即将转入下跌的反转形态，例如，乌云盖顶、倾盆大雨等；或者表明下跌行情即将延续的中继形态，例如，分手线、下档盘旋等；但有些形态也会传递出下跌趋势见底回升的信号，例如，阴孕阳等，本节就来逐一进行介绍。

No.11　乌云盖顶

形态图解

图 1-30　乌云盖顶示意图

乌云盖顶形态是由一阴一阳两根 K 线构成，两根 K 线的实体都比

较长，对上下影线没有过多的要求，但第二根阴线的开盘价需要高于前一根阳线的最高价。

操盘法则

前阳后阴的形态，预示着上涨趋势的见顶反转，而覆盖在阳线之上的长实体阴线，就是遮住阳光的一片乌云，形态也由此得名。

乌云盖顶中的阳线一般是买盘积极追涨的结果，有时候也会掺杂一些主力推动的因素，使得股价即便在上涨乏力的高位也能收出长实体阳线。而第二根阴线，则是股价冲高无能的体现，盘中下跌幅度越大，阴线实体越长，后市的发展就越不容乐观。

由此可见，乌云盖顶的反转意味比较浓烈，当其形成于阶段顶部或行情顶部时，这种下跌信号将会更加强烈。谨慎的投资者建议在遇到乌云盖顶后就先行兑利出局，避开可能的下跌。

重点提示

在上涨过程中的回调前夕和行情顶部形成乌云盖顶之前，市场中一般都存在提前预警的异常变动，例如，成交量异常回缩、大单异常交易等。若投资者能够敏锐察觉这些信息，就能够在乌云盖顶形成后更加从容地判断出当前形势如何，进而作出相应决策。

实盘解读

国泰集团（603977）乌云盖顶形态分析

图1-31为国泰集团2022年3月至6月的K线图。

从图1-31中可以看到，国泰集团正处于相对弱势的行情之中，这一点从均线系统长期向下的走势也可以看出。2022年3月，股价的跌速还是比较快的，半个月就从10.00元价位线以上落到了8.00元价位线附近，随后止跌形成横盘。

3月底，该股开始小幅收阳反弹，上行至8.50元价位线附近后受到了一定的阻碍，横盘两个交易日后，4月8日，该股以一根涨停大阳线成功突破到了压力线上方，开启了一波强势反弹。

但此后股价的涨势却因为成交量量能的缩减而出现了减缓。从下方的成交量指标窗口中可以看到，在4月8日和其后一个交易日该股大幅上冲的同时，量能有过巨幅放量，但在此之后，量能明显回缩，股价也没能延续强势上涨趋势。这说明市场推动力不足，该股后市的上涨空间可能会被压缩，顶部可能即将到来，谨慎的投资者要做好准备。

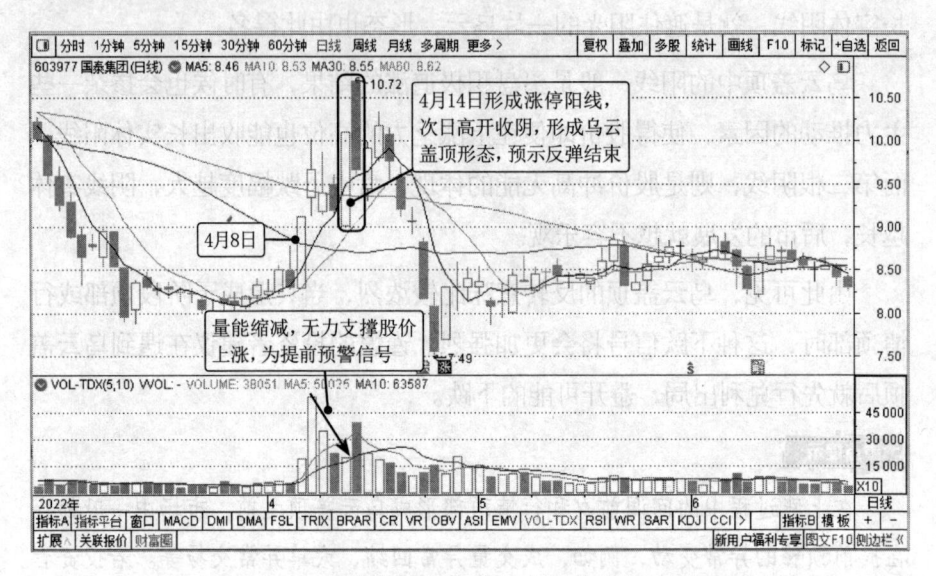

图1-31 国泰集团2022年3月至6月的K线图

继续来看后面的走势。4月14日，该股低开后横盘了较长时间，开始急速上冲，最终收出一根涨停大阳线，最高价小幅向上突破了10.00元的压力线。次日，该股以10.69元的价格大幅高开，但在反复震荡后无奈下行，最终以一根大阴线报收。

将这两个交易日的K线结合来看，发现阴线的开盘价高于阳线的最高价，收盘价也高于阳线的开盘价，两根K线呈交错咬合状态，并且实体都比较长，基本符合乌云盖顶技术形态的要求。再加上前期量能回缩的预警信号，这里的看跌意味就比较浓了，谨慎的投资者最好尽快择高出货。

从后续的走势也可以看到，在乌云盖顶形成后，该股在9.50元价位线的支撑下横盘了数日，但最终还是在抛压的压制下迅速下滑。股价在短短数日后就回落到了前期低点附近，正式宣告反弹结束，此时还未离场的投资者须及时止损。

No.12 阴孕阳

形态图解

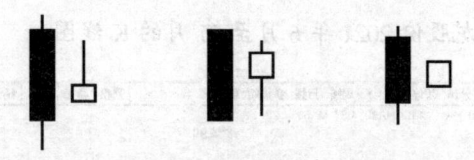

图 1-32 阴孕阳示意图

阴孕阳同样由两根 K 线构成，前一根为大实体阴线，后一根为小实体阳线，并且阴线需要将阳线完全覆盖，包括上下影线。

操盘法则

该形态之所以叫阴孕阳，是因为阳线被完全孕育在阴线之内。与乌云盖顶不同的是，阴孕阳形态出现在阶段底部或行情底部时，发出的不是看跌信号，而是股价触底回升，短时间内即将迎来一波上涨的积极信号。

这一点从其技术形态中也可以看出，大实体阴线代表着下跌行情的延续，小实体阳线则是新行情向上试探的表现，虽然没能完全突破到阴线之上，但只要市场能够维持支撑和推动，价格形成上涨也只是时间问题。

因此，谨慎的投资者在发现阴孕阳后，可以不着急抄底买进，待到上涨趋势稳定后再追涨也不迟。当然，激进的投资者要抄底也是可以的，只是要注意仓位管理，不要一来就重仓砸入，这样容易因判断失误被套。

重点提示

◆ 阴孕阳有时候也会形成于股价上涨乏力后的高位横盘期间，收阴后小幅回阳的走势代表着个股上涨无力。如果后市股价没能得到足够强大的上推动力，那么变盘来临时，价格可能会进入深度回调或是下跌。

◆ 如果仅是阴线实体就能实现对阳线的完全覆盖自然最好，形态会更标准，信号也更强烈；但如果阴线需要依靠上下影线才能将阳线覆盖也是可以的，并不影响形态的成立，只是参考价值稍低。

> 实盘解读

银龙股份（603969）阴孕阳形态分析

图1-33为银龙股份2021年6月至11月的K线图。

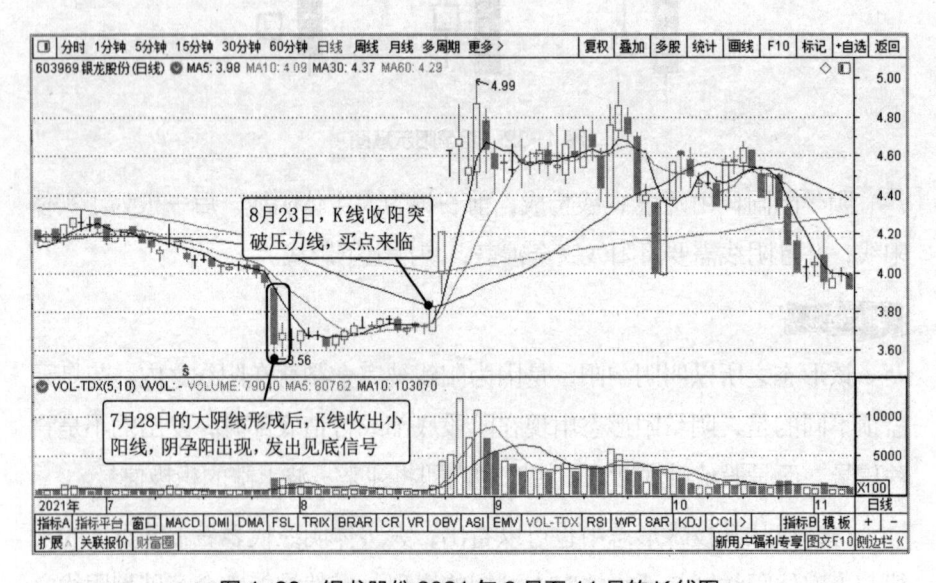

图1-33 银龙股份2021年6月至11月的K线图

从银龙股份的这段走势中可以看出，该股于2021年6月至7月还在不断下跌，60日均线长期覆盖在K线之上形成强力压制。7月底时，股价下跌速度明显加快，仅7月28日这一个交易日，股价就下跌了8.1%，最低落到了3.56元的位置。

不过在次日，K线就收出了一根小幅回升的阳线，虽然实体较小，但整体都被覆盖在了前一根阴线之内，形成了阴孕阳的形态，发出看涨信号。但显然股价短时间内还未形成明显的上涨趋势，谨慎的投资者此时不要急于买进，以避开判断失误的可能。

进入8月后，该股开始有小幅收阳回升的迹象，但3.80元价位线形成了一定的压制，再加上成交量一直没能给予足够的支撑，买入机会依旧不成熟，投资者还要等待。

8月23日，该股终于以一根长实体阳线向上突破了压力线，投资者翘首以盼的买点来临。次日，股价继续上扬，甚至收出了一根涨停大阳线，同时成交量也大幅放大，发出了更加明确的看涨信号。

谨慎的投资者此时就可以追涨买进了，后续只要注意及时止盈止损，就有机会在短时间内赚取令人满意的收益。

No.13 倾盆大雨

形态图解

图 1-34 倾盆大雨示意图

倾盆大雨与乌云盖顶形态非常相似，只是阴阳线的上下位置关系有所不同。倾盆大雨形态中的阳线位于阴线上方，阴线的开盘价需要低于阳线的收盘价，阴线收盘价也要低于阳线开盘价。

操盘法则

阴线位于阳线右下方，就好像云层之下的雨滴，倾盆大雨也由此得名。

倾盆大雨与乌云盖顶两种形态形成的位置和释放的信号基本一致，即在阶段高位或行情高位发出见顶回落的信号。只是由于倾盆大雨的阴线位置更低，其发出的看跌信号会相应更强，说明股价难以再创新高，趋势可能已经转入下跌之中，投资者在发现后应先行离场。

重点提示

在阶段高位和行情高位所形成的倾盆大雨预示信号是一样的，只是在强度上大有差异。在上涨途中回调前夕形成的倾盆大雨形态，预示的是短期回调，如果股价后续在中长期均线的支撑下继续上扬，那么投资者就可以重新买进，甚至有些中长线投资者并不会在出现倾盆大雨形态时出局；在行情高位和下跌反弹高位形成的倾盆大雨形态，预示的就是彻底下跌信号，后市的下探空间可能极大，就算是风险承受能力较强的投资者，也最好出局避开。

实盘解读

深圳新星（603978）倾盆大雨形态分析

图1-35为深圳新星2021年8月至2022年1月的K线图。

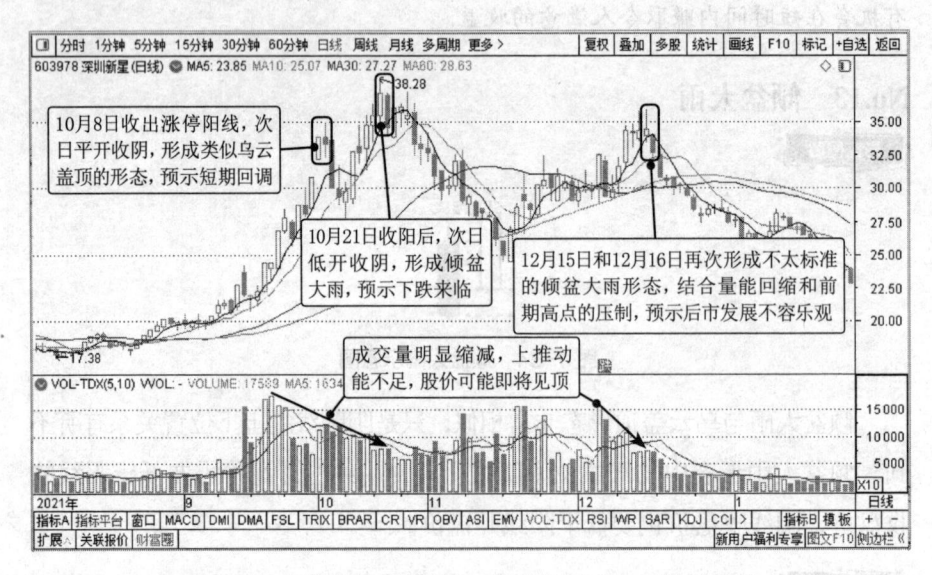

图中标注：
- 10月8日收出涨停阳线，次日平开收阴，形成类似乌云盖顶的形态，预示短期回调
- 10月21日收阳后，次日低开收阴，形成倾盆大雨，预示下跌来临
- 12月15日和12月16日再次形成不太标准的倾盆大雨形态，结合量能回缩和前期高点的压制，预示后市发展不容乐观
- 成交量明显缩减，上推动能不足，股价可能即将见顶

图1-35　深圳新星2021年8月至2022年1月的K线图

从图1-35中可以看到，深圳新星正处于涨跌趋势转变的过程中。2021年8月到9月，股价还维持着比较积极稳定的上涨趋势，均线组合呈多头排列形态支撑价格向上攀升。

10月8日，该股向上大幅跳空收出一根涨停阳线，次日平开收阴，阴线收盘价高于阳线开盘价，两根K线形成了一个类似乌云盖顶的形态，预示短期内可能会有回调，投资者可酌情考虑是否出局。

从后续的走势可以看到，该股确实从35.00元价位线附近回调到了30.00元价位线以下，但持续时间较短，K线很快便在均线的支撑下回升到了更高的位置，继续上涨。

看似该股后市还有很大的上涨空间，但观察成交量就可以发现，量能自9月下旬形成峰值之后，就长期保持着缩减的状态。即便股价回调结束继续上涨，也没有得到足够的量能支撑，说明市场追涨热情已经开始逐步消退，在上涨动能不足的情况下，股价很难再有更好的表现，投资者要保持高度警惕。

10月21日，该股收出一根长实体阳线后创出了38.28元的新高，但次日却低开收出大阴线，形成了倾盆大雨形态。在这种高位风险区域形成的倾盆大雨，无疑是下跌趋势或深度回调即将来临的表现，谨慎一些的投资者此时就应借高出局，随后在场外观望。

在此次倾盆大雨形态形成后不久，该股就跌下35.00元价位线，进入快速下跌之中。股价在11月中旬就落到了25.00元价位线附近，短期跌幅还是比较大的。不过，该股很快在该价位线上得到支撑重新开始向上攀升，整体有重归上涨行情轨道的迹象。

但从成交量的表现来看，股价要想创出新高，仅凭这样的波段式放量显然是不够的。更何况进入12月后不久，量能又开始明显回缩，股价在失去动力的情况下只能在35.00元价位线下方徘徊，难以真正突破，说明此次上涨大概率只是一次反弹，后市发展依旧不容乐观。

12月15日和12月16日，K线再度形成了一个不太标准的倾盆大雨形态，预示着反弹结束，股价难以再创新高，后市看跌意味浓重，投资者最好及时借高出局，避开下跌。

No.14 看跌吞没线

形态图解

图1-36 看跌吞没线示意图

看跌吞没线由两根及以上的K线构成，形态的关键在于最后一根长实体阴线。它的实体要够长，长到足以完全覆盖住前面一根甚至几根实体相对较短的K线，能覆盖多少，形态就包含多少根K线。

> **操盘法则**

看跌吞没线常出现在横盘震荡的后期，例如高位横盘区域的后期，以及下跌途中横盘整理的后期，不过释放的都是看跌信号。

当价格上涨至某一位置滞涨，或是下跌至某一位置止跌后，连续收出小K线横盘小幅震荡，最后再以一根长实体阴线将前几根小实体K线完全吞没，便会在短时间内开启下跌走势。

一般来说，这根关键大阴线能够吞没的K线越多，实体越长，那么形态的标准度及信号强度也就越强。

如果K线在此之后继续收阴下跌，投资者就要尽快出局止盈或止损了；如果后续股价还能维持住横盘，持续的时间也不会太长，谨慎的投资者还是以卖出为佳，不要等待彻底变盘才出局。

> **重点提示**

高位的横盘一般都有某条关键线做支撑，可能是中长期均线，也可能是某关键价位线，还可能是整理形态或筑顶形态的下边线。如果看跌吞没线形成的同时能够向下跌破这一支撑线，那么形态的看跌信号将会得到进一步的验证，投资者要更加坚决地卖出。

> **实盘解读**

长源东谷（603950）看跌吞没线形态分析

图1-37为长源东谷2020年9月至2021年1月的K线图。

从图1-37中可以看到，长源东谷的股价正处于下跌趋势之中，在2020年9月底到10月，该股形成过一次幅度较大的反弹，但最终还是在两条中长期均线的压制下拐头向下，进入下跌之中。

该股的下跌速度并不快，整体呈现出阶梯式的缓步下移状态。11月上旬，股价跌至25.00元价位线附近后形成横盘震荡，K线连续收出实体不长的小K线，震荡幅度自然也不大。

数十日后，股价逐渐向上接近了26.00元价位线，但该价位线显然具有较强的压制力,导致 K 线在 11 月 25 日高开后长期低走,最终收出了一根跌幅达到 3.80% 的光头光脚大阴线。

仔细观察这根大阴线可以发现,它的实体相对较长,并且向前完全覆盖了多根小 K 线,形成了一个标准的看跌吞没线形态。

在下跌趋势横盘后期形成的看跌吞没线,无疑是价格将继续下跌的标志。再加上阴线最低价已经跌破了 25.00 元价位线的支撑,这种看跌信号更加强烈了,此时机警的投资者需要立即离场止损。

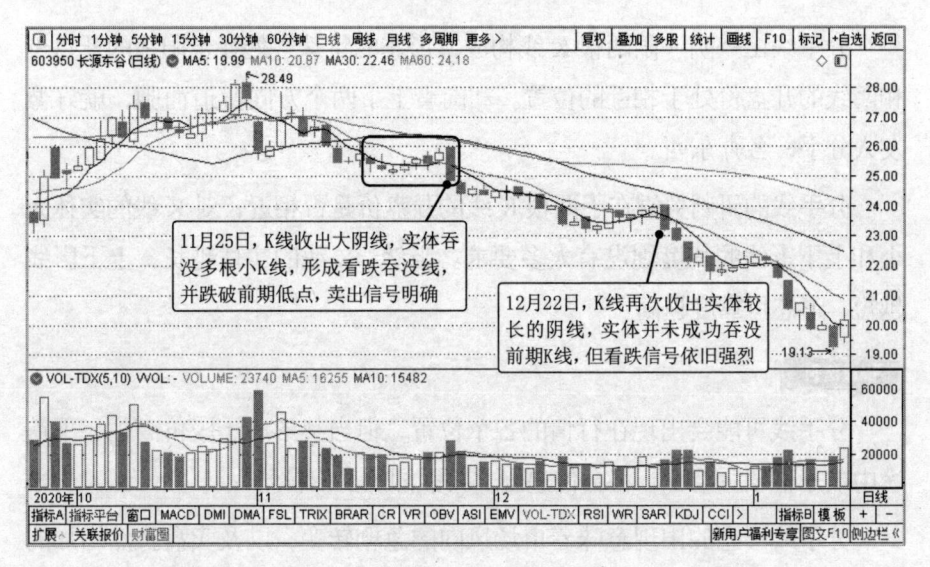

图 1-37 长源东谷 2020 年 9 月至 2021 年 1 月的 K 线图

继续来看后面的走势。该股跌到 24.00 元价位线附近后再次横盘,随后便开始了一波一波阶梯式的下跌,证实了看跌吞没线的看跌信号。

12 月 22 日,该股小幅回升至前期高点附近时再度受压,收出了一根实体较长的阴线,结合前面数日的小 K 线,整体形态与前面的看跌吞没线极其相似。但阴线的最高价最终还是与前一日的最高价之间有着非常细微的差距,没能达到看跌吞没线的要求,不过其传递的看跌信号还是很明确的,此时还未离场的投资者应尽快撤离,场外投资者不要轻易参与。

No.15 分手线

形态图解

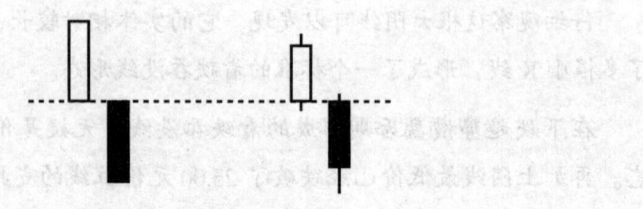

图 1-38 分手线示意图

分手线由一阴一阳两根 K 线构成，形态的特殊之处在于阳线的开盘价和阴线的开盘价处于相近的位置，却向着上下两个方向背道而驰，就好像友人分手，各奔东西。

分手线的研判关键在于两根 K 线的开盘价是否相近，对 K 线的实体大小和上下影线的长度则没有太多要求。当然，K 线的实体越长，上下影线越短，形态可靠度越高。

操盘法则

分手线可能会出现在行情的各个位置，但当其形成于股价高位、下跌途中或是整理后期时，将会传递出非常强烈的卖出信号。

分手线形态的出现意味着市场风向的急剧转变，以及卖盘骤然增加的抛压，其中一些还带有主力参与的痕迹。震荡幅度越大的分手线，主力参与的可能性就越高，其目的会根据形态形成位置的不同而有所差异，但股价未来可能都会进入一段深度不明的下跌之中，投资者最好及时出局。

重点提示

最为标准的分手线形态是两根 K 线的开盘价完全相同，并且都是光头光脚的涨停（跌停）大 K 线，不过这种情况不太常见，投资者不必追求极致。

实盘解读

中国中铁（601390）分手线形态分析

图 1-39 为中国中铁 2020 年 12 月至 2021 年 5 月的 K 线图。

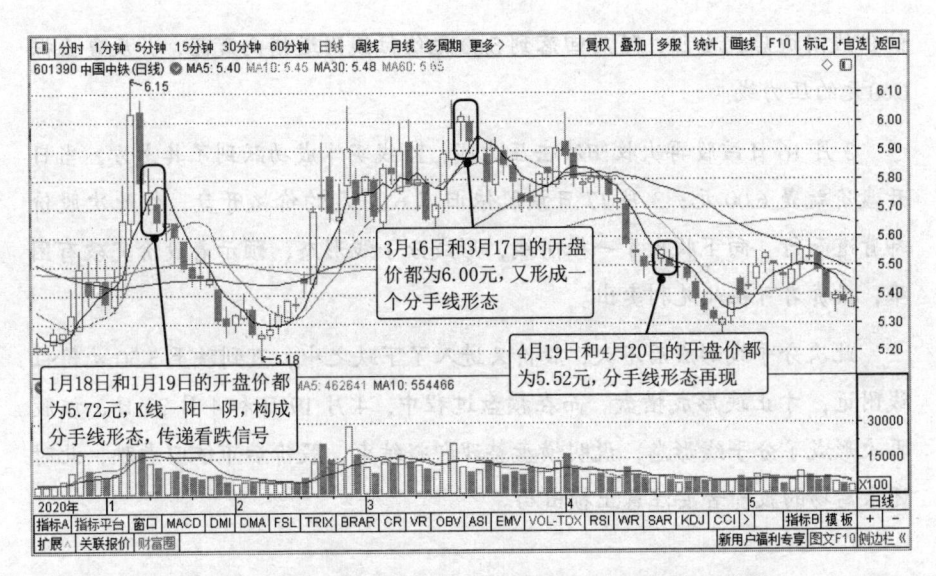

图 1-39 中国中铁 2020 年 12 月至 2021 年 5 月的 K 线图

从图 1-39 中可以看到，中国中铁股价正处于一段震荡行情之中，60 日均线横穿而过，仅跟随股价的大幅涨跌走势而有所波动，但整体并未呈现出明显的趋势性，说明中国中铁当前很可能处于猴市之中。那么在猴市中形成的看跌形态，对于短线操盘的投资者来说就具有非常重要的参考价值，无论是预警股价即将下跌，还是提示投资者及时止损，都很有效果。

2021 年 1 月中上旬，该股处于积极上涨的状态，K 线连续收出大阳线上行，很快就冲到了 6.15 元的位置。但就在创新高的次日，该股大幅收阴，进入下跌之中。

1 月 18 日该股以 5.72 元的价格低开后短暂上冲，收出一根小阳线；1 月 19 日该股同样以 5.72 元的价格开盘，但收出的却是一根阴线，这根阴线与前一根阳线共同构成了分手线形态，结合 1 月 15 日的长实体阴线，发出了明确的看跌信号，短线投资者应及时止盈或止损出局。

从后续的走势可以看到，分手线形成后，股价很快进入深度下跌之中，一路跌到 5.18 元的位置才止跌回升，进入又一波上涨之中，投资者又可以重新买进入场了。

这一次的上涨明显没有 1 月的涨势稳定和快速，股价上涨至 6.00 元价位线附近后就受阻，随后回落到 5.60 元价位线附近横向震荡，并反复上探 6.00 元的压力线。

3 月 16 日该股再次收阳冲击压力线，K 线实体成功跃到了其上方，当日开盘价就是 6.00 元；3 月 17 日该股依旧以 6.00 元的价格开盘，但此次股价却背道而行，向下收出了一根阴线，形成分手线形态，预示着股价突破有困难，投资者可在此兑利卖出。

此次分手线形成后不久，股价又进入了下跌之中，直到跌至 5.50 元价位线附近，才止跌形成横盘。而在横盘过程中，4 月 19 日和 4 月 20 日，该股再次形成了分手线形态，说明横盘整理即将结束，股价后市依旧看跌，此时还未离场的投资者要注意止损出局。

第二章

大阴线的位置决定市场价值

大阴线也被称为长阴线,表示当天股价大幅下跌,卖方占据市场主导地位。大阴线在很多位置中都可能出现,且不同的位置代表了不同的市场价值,在实际的操盘过程中,具体的涨跌信号还要根据实际情况来进行分析。

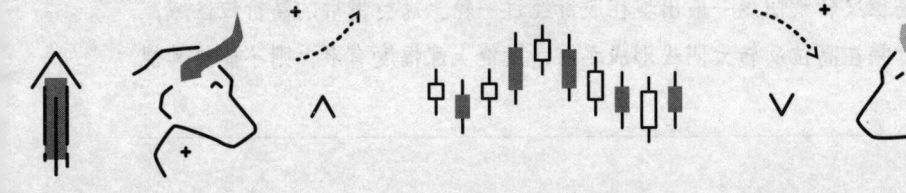

一、不同位置中的大阴线判断

大阴线可能出现在股价下跌途中，也可能出现在股价上涨后的高位区域，还有可能出现在股价拉升途中。不同位置中的大阴线具有不同的作用，在实际的操盘中，投资者需要结合具体的情境来分析。

No.01 高位反转大阴线

形态图解

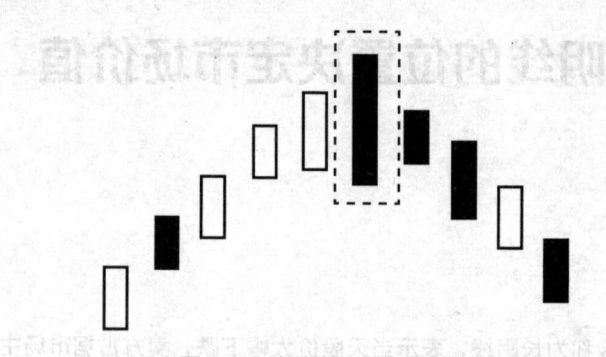

图 2-1 高位反转大阴线示意图

高位反转大阴线是指在股价经过一番上涨后的高位或顶部区域，K 线突然收出一根大阴线，打破了原本稳定的上升趋势。从形态上来看，大阴线实体部分应该吞掉了前面多根 K 线实体，给人一种急转直下的紧迫感。

操盘法则

当高位反转大阴线出现在高价位区域或持续上涨后期，并且伴有成交量的放大，表明卖盘攻势猛烈，锐不可当，空方有绝对的优势，跌势明显，投资者应该果断离场。

如果高位反转大阴线出现后的第二天，股价依然保持弱势下跌，那么场内仍然持股的投资者应果断清仓，及时离场。

重点提示

◆ 高位反转大阴线一般出现在股价经过一轮上涨行情后的高价位区域，如果在高位反转大阴线形成之前，股价上涨幅度有限，则不能将其视为高位大阴线，其看跌信号也会相应减弱。

- 高位反转大阴线出现时，通常成交量会放大，成交量越大，后市下跌的可能性就越大。
- 高位反转大阴线的实体长度越长，收盘价位越低，那么它的看跌信号就越强。

实盘解读

皖维高新（600063）高位放量大阴线转势分析

图 2-2 为皖维高新 2022 年 3 月至 8 月的 K 线图。

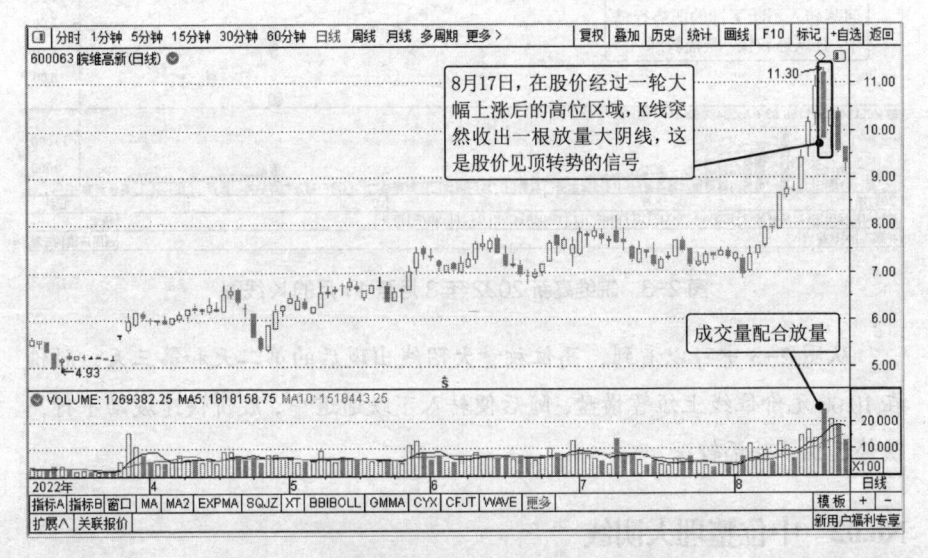

图 2-2　皖维高新 2022 年 3 月至 8 月的 K 线图

从图 2-2 中可以看到，自 2022 年 3 月中旬起，皖维高新的股价便开始转入了一轮逐浪拉升的上涨行情之中，且涨势稳定，尤其是在 2022 年 8 月上旬，K 线更是收出多根高开高走的大阳线，将股价快速拉升至 11.00 元价位线附近，相较于 3 月的 5.00 元左右，这一波上涨幅度约为 120%，涨势惊人。

但在 8 月 17 日，股价以高价开盘后却立即下跌，且跌势猛烈，直至收盘，最终 K 线以跌停大阴线报收，且下方的成交量配合放出大量。这一根大阴线的出现将股价拉低至 10.00 元价位线下方，一改之前稳定的上升走势，说明场内的投资者大多看跌后市，持股者最好在当天执行减持操作，稳健的投资者可以选择清仓出局。

图2-3为皖维高新2022年8月至11月的K线图。

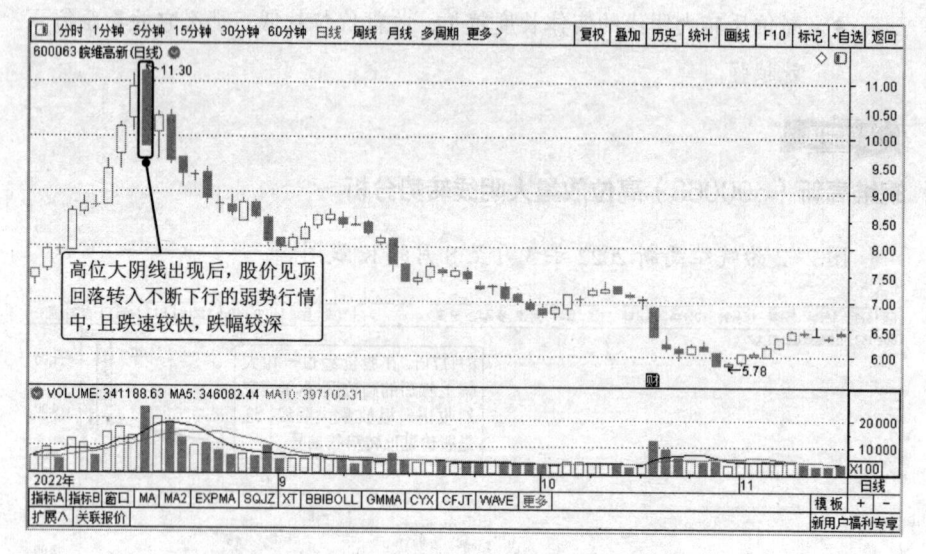

图2-3 皖维高新2022年8月至11月的K线图

从图2-3中可以看到，高位放量大阴线出现后的第二天和第三天，股价在10.00元价位线上短暂横盘，随后便转入下跌通道中，股价快速波动下行，跌势迅猛，跌幅较深。

No.02 中位整理大阴线

形态图解

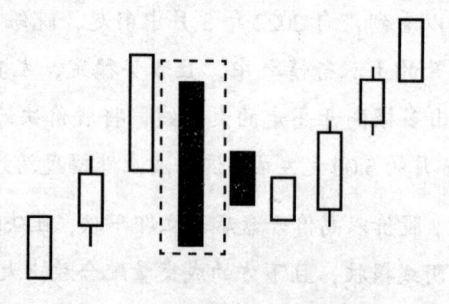

图2-4 中位整理大阴线示意图

中位整理大阴线是在股价上涨的途中收出的一根长阴线，成交量同时放大，出现放量下跌的不良态势，原本一片向好的市场突然遭遇打击。

中位整理大阴线的出现是为了后市能够更好地拉升股价而做的调整，目的是清理场内一些意志不坚定的筹码。大阴线是比较有效的一种整理方式，跌势凶猛，能够在较短的时间内完成震仓，整理结束后股价将继续向上表现上涨行情。

操盘法则

在实际操作中，投资者往往容易被迷惑，不知道大阴线是顶部离场信号还是中位整理信号，此时需要根据K线的实际走势来进行判断。

如果大阴线出现时，股价离涨势启动初期的位置不远，整体涨幅不大，一般在50%左右，可以判断为中位。

查看大阴线次日的股价走势，如果第二天K线收出上涨阳线，且成交量没有萎缩，说明涨势未变继续看多。

中位整理大阴线通常不会出现较大幅度的下跌，因为下跌调整的目的在于使前期获利盘出局，但并不希望更多的人获得廉价筹码。

重点提示

- 通常来看，中位整理大阴线的调整时间并不长，只有几天，有的甚至一天就结束了。在日K线走势中会出现短期的回落形态，场内的持股投资者可以继续观望，场外的投资者暂时不入场，可以等到股价有向上运行的迹象时，或者突破整理前的高点时再买入。
- 中位整理大阴线出现时，下方的成交量并不一定会放大，有时可能表现萎缩，更能证明股价转势下跌的可能性不大，反而可能是拉升途中的整理。

实盘解读

卓朗科技（600225）上涨途中整理大阴线分析

图2-5为卓朗科技2022年10月至2023年2月的K线图。

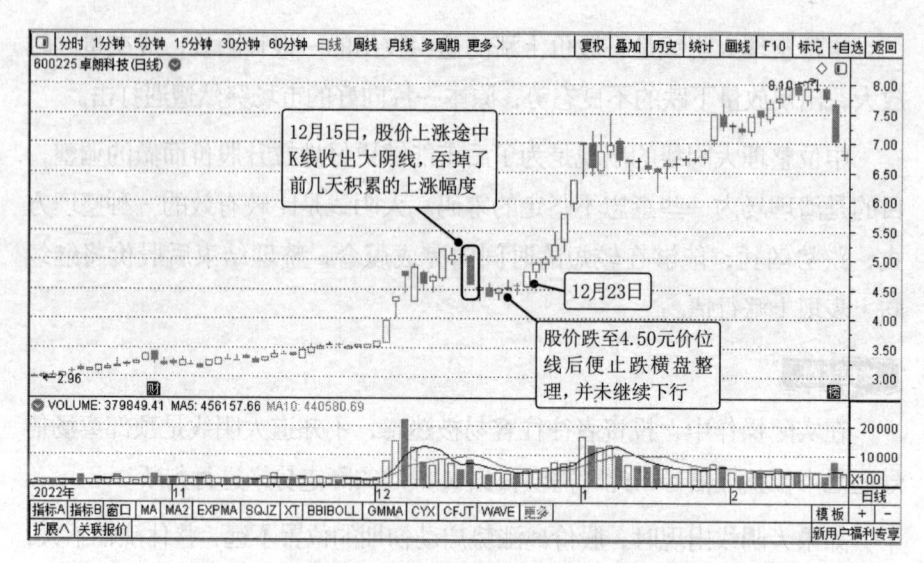

图2-5 卓朗科技2022年10月至2023年2月的K线图

从图2-5中可以看到，卓朗科技的股价自2022年10月起，从3.00元价位线下方开始向上小幅攀升，表现上涨行情。2022年12月初，下方成交量明显放大，带动股价进一步向上拉升，12月中旬，当股价上涨至5.00元价位线附近时滞涨，并在该价位线上横盘整理。

12月15日开盘后，股价急速下跌，跌势迅猛，最终以大阴线报收。这一根大阴线的出现吞掉了前几天积累的上涨幅度，跌势又快又猛。

此时进一步分析该股的走势，发现大阴线出现时股价离涨势启动初期的位置不远，涨幅并不大，属于中位。同时，大阴线下方的成交量放量，但是程度并不大，主力离场的可能性较低。因此，这里的大阴线转势可能性较低，反而可能是上涨途中的整理，此时，持股投资者不必着急离场，可以继续观望。

第二天股价跳空低开，K线收出一根小阳线，股价跌至4.50元价位线上，且接连几天股价始终在4.50元价位线上整理，并未进一步下行，更加确定大阴线的整理信号。

12月23日起，K线开始连续收出上涨小阳线向上拉升股价，并有效突破前期5.00元价位线,说明行情整理结束,该股继续看涨,投资者可以在此位置加仓跟进。

No.03　下跌初期大阴线

形态图解

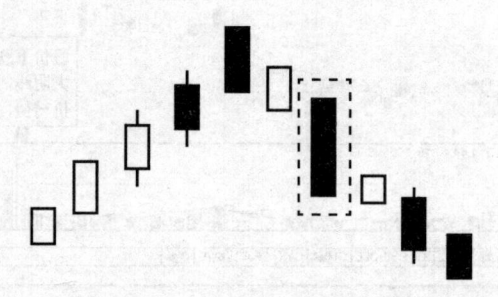

图2-6　下跌初期大阴线示意图

下跌初期的大阴线是卖方实力强劲,强烈看空后市,卖盘大量涌出而形成的。大阴线的下跌力度与其实体长度有密切关系,实体越长则力度越强。

操盘法则

在市场刚开始下跌后不久就出现的大阴线,是对行情见顶的进一步确认,能够起到助跌作用,表明后市股价将继续表现下跌,场内投资者应尽快离场,场外投资者应保持观望。

重点提示

顶部已经形成,股价转入下跌通道,K线拉出大阴线,确认了市场转入下跌趋势的事实,这说明卖盘实力强劲且意志坚定,后市可能有较大程度的下跌,此时投资者最好果断离场,避免遭受更多损失。

实盘解读

嘉化能源(600273)下跌初期大阴线卖出分析

图2-7为嘉化能源2021年6月至9月的K线图。

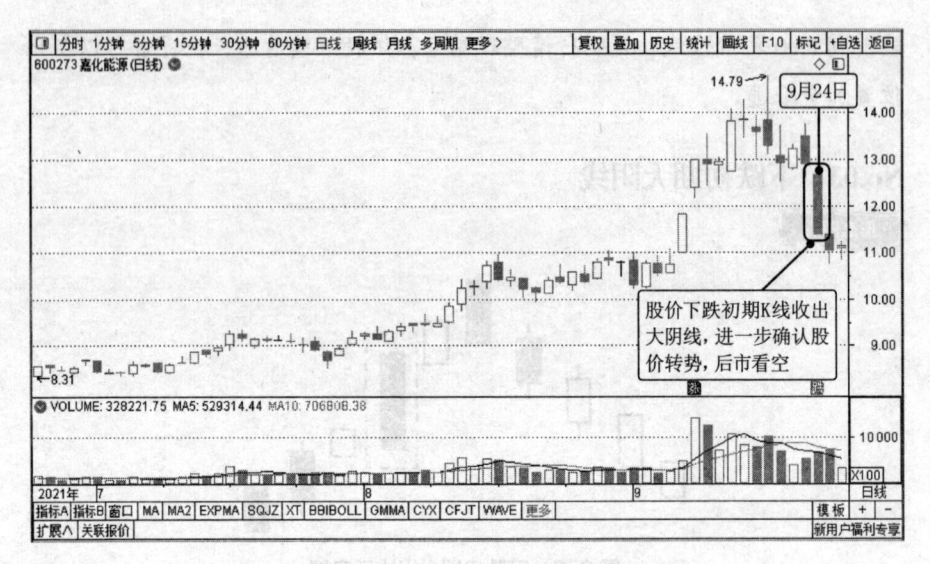

图2-7　嘉化能源2021年6月至9月的K线图

从图2-7中可以看到，嘉化能源的股价处于波动向上的涨势行情之中，2021年6月底，股价从8.00元价位线附近的相对低位处开始向上攀升。但是在9月上旬，股价上涨至13.00元价位线附近后涨势渐缓，并在13.00元价位线上横盘整理止步不前。

横盘结束后，K线连续收出带长上影线的K线，在创出14.79元的新高后止涨回落，转入下跌走势，说明上方压力过重，多头经过连续、长时间的拉升，动能消耗殆尽，空头开始占据优势，股价见顶，后市极有可能转入下跌通道中。

但是，因为下跌的幅度并不大，且下方成交量并没有明显的放大迹象，很多持股投资者会认为这里可能只是上涨途中的回调整理，并非顶部，所以坚持持股。9月24日，股价向下跳空低开低走，K线收出一根实体较长的大阴线，将股价快速拉低至11.50元价位线下方。

这一根大阴线的出现，进一步确认了嘉化能源股价转势的事实，说明该股的这一波上涨行情已经结束，空头实力强劲，后市可能迎来一波大幅下跌行情，此时场内投资者应尽快离场。

图2-8为嘉化能源2021年9月至2022年6月的K线图。

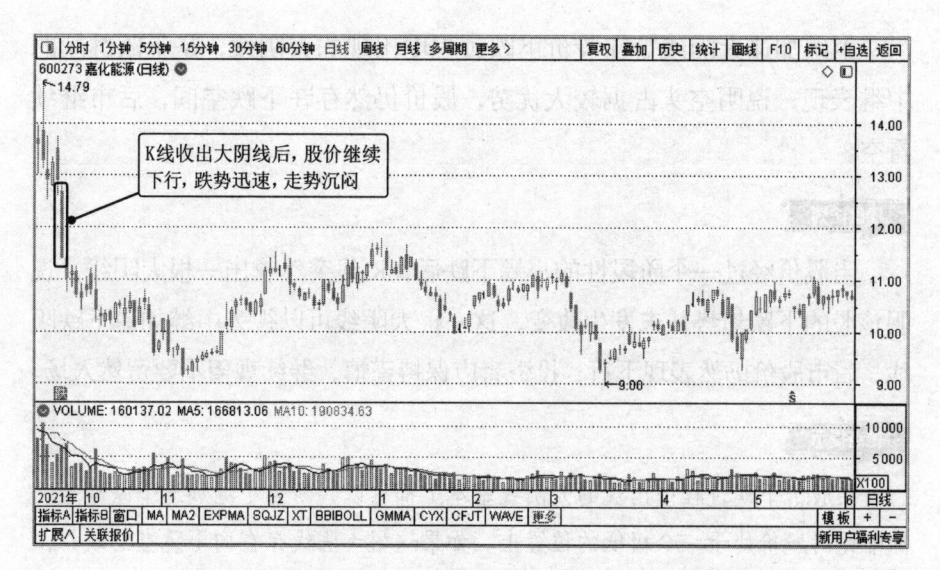

图 2-8 嘉化能源 2021 年 9 月至 2022 年 6 月的 K 线图

从图 2-8 中可以看到，大阴线出现后，嘉化能源的股价继续快速下行，K 线连续收出下跌阴线，仅仅一个月左右的时间，股价就下跌至 9.00 元价位线附近，然后长时间在 9.00 元至 11.00 元进行横盘波动。

如果投资者前期在 13.00 元位置将顶部误认为是上涨途中的整理，贸然进场，发现大阴线后也不离场，则可能陷入长期被动局面中。

No.04　中继加速大阴线

形态图解

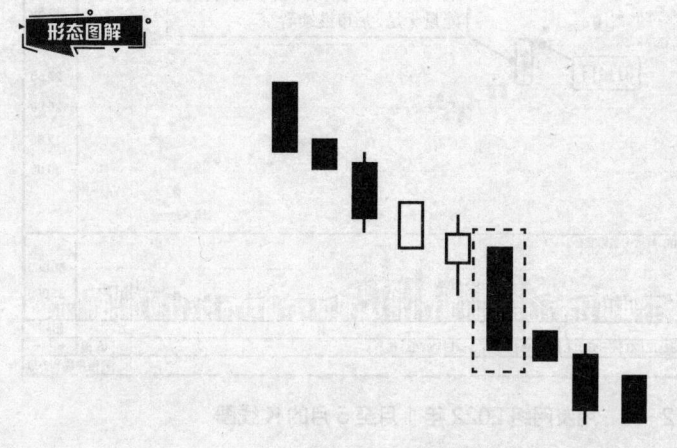

图 2-9　中继加速大阴线示意图

中继加速大阴线是在股价下跌过程中出现的大阴线，是下跌继续的中继表现，说明空头占据较大优势，股价仍然存在下跌空间，后市继续看空。

操盘法则

当股价经过一个阶段性的小幅下跌后，K线突然收出一根大阴线，说明该股的下跌趋势并未发生改变，这一根大阴线可以视为中继加速下跌阴线，后市股价仍然表现下行，投资者应保持谨慎，继续观望不要贸然入场。

重点提示

在股价下跌过程中出现的大阴线基本上都可以判断为中继加速下跌信号，除非此时股价处于一个极低的位置上。如果这根大阴线存在向下跳空的缺口，则下跌的威力更大，跌速更快。

实盘解读

用友网络（600588）中继加速下跌大阴线

图2-10为用友网络2022年1月至5月的K线图。

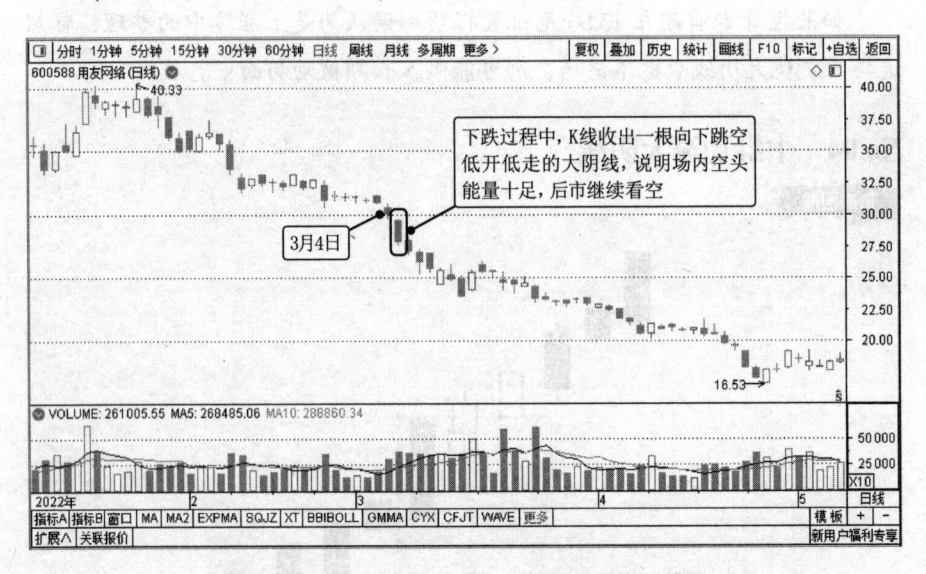

图2-10 用友网络2022年1月至5月的K线图

从图 2-10 中可以看到，用友网络的股价处于不断下行的弱势行情，2022 年 1 月下旬，股价从 40.00 元价位线上的相对高位区域开始向下波动运行，2 月下旬，股价运行至 31.00 元价位线附近后跌势减缓，K 线收出连续小 K 线横盘窄幅整理运行。

3 月 4 日，股价向下跳空，K 线收出一根带上下影线的小阴线，将股价拉低至 30.00 元价位线上，表明场内多头奋力发起反攻，但空头仍然占据优势，股价表现下行。

第二天，股价继续向下跳空低开形成缺口，开盘后股价全天下行，最终 K 线以一根大阴线报收。在下跌趋势中出现的大阴线，一般视为下跌中继大阴线，说明场内空头实力强劲，后市继续看空，大阴线还会加快下跌速度。

从后市来看，向下跳空的大阴线出现后，K 线继续收阴下跌，跌速较快，且跌势坚定。在往后的两个多月的时间里，用友网络的股价继续保持不断下行的弱势行情，股价没有出现明显的反弹。

截至 2022 年 4 月，股价最低跌至 16.53 元，相较于前期 30.00 元的横盘价位，跌幅为 44.9%，如果前期持股投资者没有及时离场，可能会遭受较大损失。

No.05　低位下跌末期大阴线

形态图解

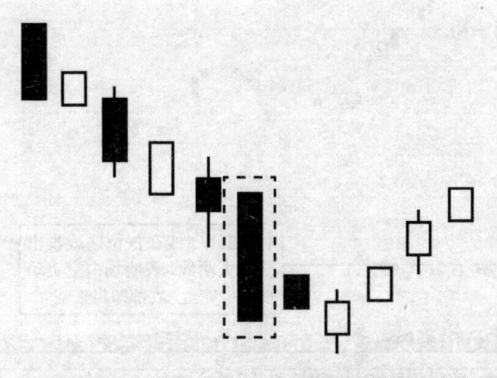

图 2-11　低位下跌末期大阴线示意图

低位下跌末期大阴线指的是在阴跌不止的下跌行情中,股价运行至低位区域,成交量不断呈现萎缩态势,K线突然收出一根大阴线。

操盘法则

在股价长期弱势下跌的走势中,突然出现一根下跌大阴线,很容易引起恐慌。但是一般情况下,这种低位区域出现的下跌大阴线是空头的最后宣泄,表明股价离底部不远或者当前就是底部,所以,场内投资者可以不着急离场,而是观察到股价有筑底迹象后逢低买入。

重点提示

在操作时需要注意,低位大阴线出现时,有时候是直接见底,有时候是预示见底,并不能说明股价会立刻出现一波反弹。因此,股价还有可能下跌,或者在底部持续横盘,场外的投资者还是以观望为主,直到个股表现出明显的上涨趋势或者发出上涨信号时再买入。

实盘解读

均胜电子(600699)下跌低位大阴线分析

图2-12为均胜电子2021年12月至2022年4月的K线图。

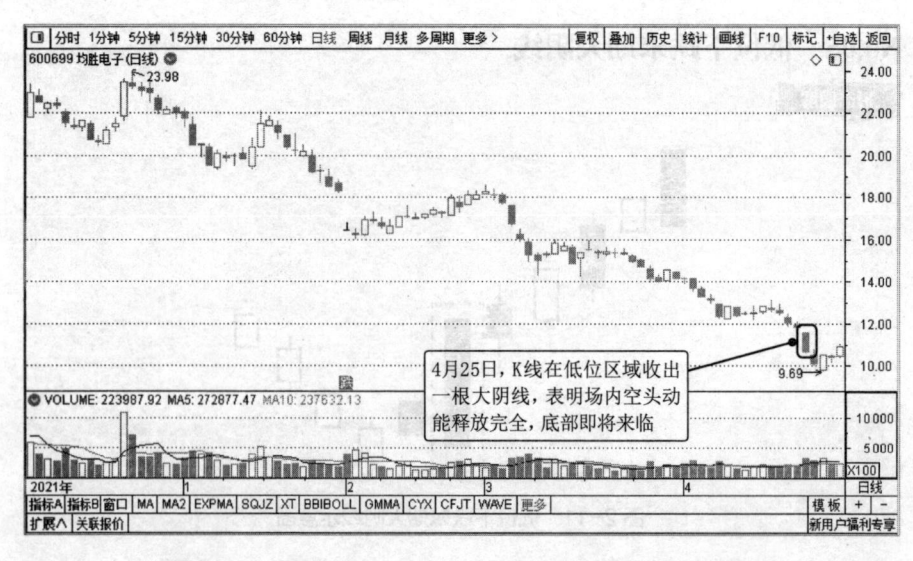

图2-12 均胜电子2021年12月至2022年4月的K线图

从图 2-12 中可以看到，均胜电子的股价长期处于不断下跌的弱势行情中，股价从高位处向下震荡运行，跌势稳定，跌幅较深，下方成交量表现缩量。2022 年 4 月上旬，股价下行至 12.00 元价位线附近时跌势渐缓，并在该价位线上横盘整理运行。

4 月 25 日，股价突然向下跳空低开低走，K 线最终以一根大阴线报收，将股价拉低至 10.50 元价位线附近。但是仔细观察可以发现，大阴线出现时，成交量并没有明显地放大迹象，说明场内的空头动能基本释放完全，此时的大阴线更像是底部刺探，这一轮下跌行情即将结束，底部即将来临。

图 2-13 为均胜电子 2022 年 4 月至 8 月的 K 线图。

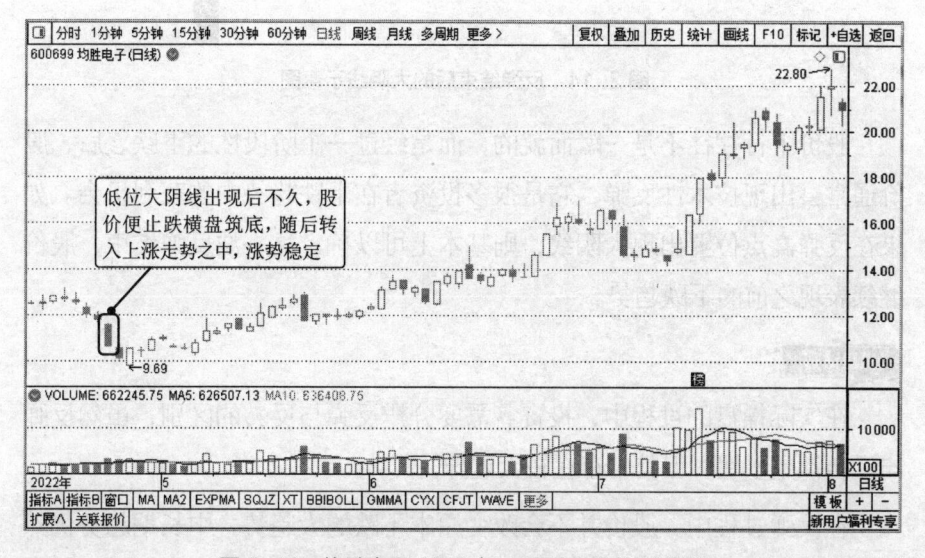

图 2-13 均胜电子 2022 年 4 月至 8 月的 K 线图

从图 2-13 中可以看到，K 线在低位区域收出一根向下跳空大阴线后，第二天股价继续向下跳空低开，K 线收出一根小阴线，跌至 10.00 元价位线上，随后股价止跌，并在该价位线上横盘整理运行。5 月上旬，股价开始向上攀升，转入上涨趋势之中，且涨势稳定，涨幅较大。

可见，下跌末期出现的大阴线是相对可靠的底部信号，如果前期投资者能够利用大阴线找准底部，则有机会抓住这一波上涨行情。

No.06 反弹结束后的大阴线

形态图解

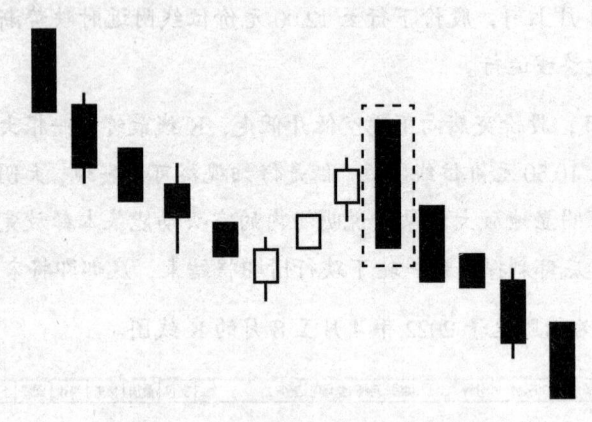

图2-14 反弹结束后的大阴线示意图

股价下行往往不是一蹴而就的，而是经过一个阶段性的下跌之后，股价通常会出现技术性反弹，它是很多投资者在下跌趋势中的获利机会。如果在反弹高点位置出现大阴线，则基本上可以确定这一波反弹结束，股价继续表现之前的下跌趋势。

操盘法则

在实际操盘的过程中，投资者需要分辨反弹与反转的区别，虽然反弹与反转都是上涨，但其中存在较大差异。

在反弹过程中，股价并不会改变原本下跌的大趋势，中长期趋势仍然看跌，大阴线的出现说明反弹结束，投资者应逢高离场。

而在反转过程中，股价的中长期趋势转变为强势拉升行情，如果出现大阴线，投资者应结合大阴线距离起涨时的具体位置来判断。若是在上涨初期或途中出现这种形态，可能是洗盘或整理的表现，投资者可以继续持股待涨。

重点提示

抢反弹是危险性比较大的一种投资策略，尤其是弱势反弹，投资者稍有不慎便可能被深套其中。因此，在反弹回升中一旦发现大阴线，投资者应将其视为反弹结束的信号，要立即抛售持股离场。

实盘解读

恒顺醋业（600305）反弹拉升后的大阴线分析

图 2-15 为恒顺醋业 2021 年 1 月至 6 月的 K 线图。

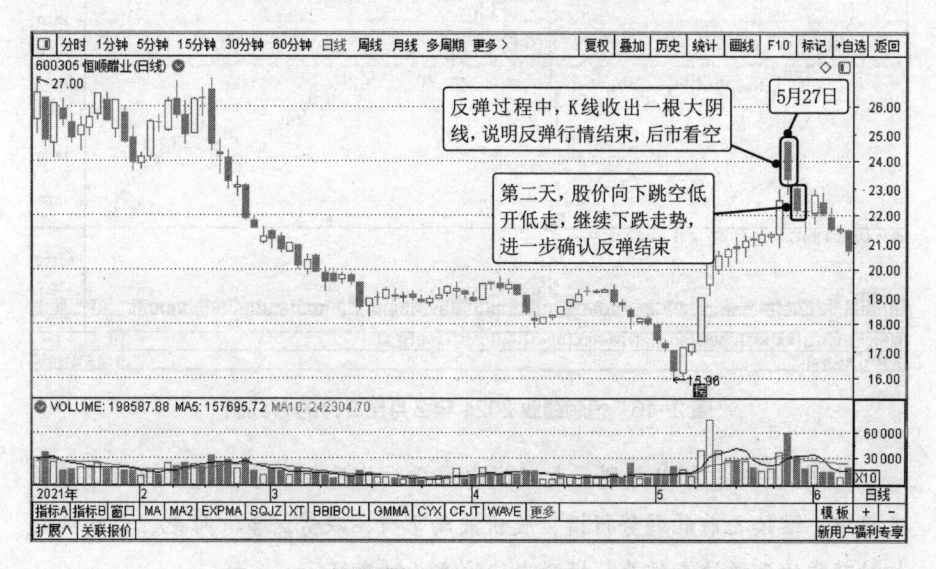

图 2-15　恒顺醋业 2021 年 1 月至 6 月的 K 线图

从图 2-15 中可以看到，2021 年 2 月上旬，恒顺醋业的股价在 26.00 元价位线上方见顶回落，随后转入波动下行的下跌通道中，跌速较快。

5 月上旬，股价下行至 16.00 元价位线附近，创出 15.96 元的低价后止跌回升，K 线连续拉出多根阳线，股价拐头向上运行，开启一段反弹。

股价向上缓慢攀升，上涨至 22.00 元价位线附近时，5 月 27 日，股价向上跳空高开后下行，最终以大阴线收盘，下方成交量放量。

大阴线的出现说明这一波反弹结束，后市将继续表现之前的下跌行情，场内投资者应尽快离场。

大阴线出现后的第二天，股价向下跳空低开低走，延续上一天的下跌走势，将股价拉低至 22.00 元价位线附近，K 线收出一根中阴线，再一次确认反弹结束，还未离场的投资者应尽快离场。

图 2-16 为恒顺醋业 2021 年 2 月至 9 月的 K 线图。

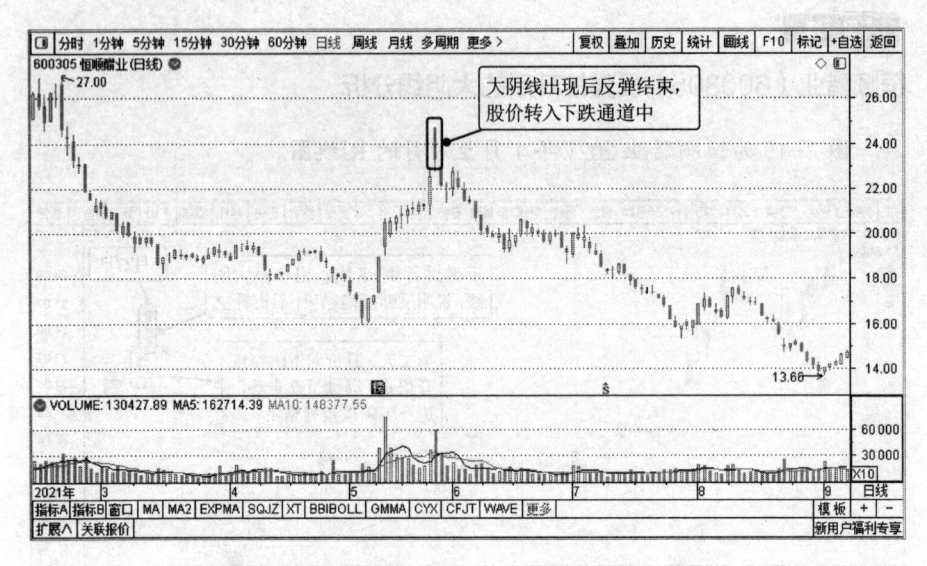

图 2-16　恒顺醋业 2021 年 2 月至 9 月的 K 线图

从图 2-16 中可以看到，大阴线出现后股价反弹结束，转入快速下跌的走势中，继续之前的弱势行情，股价波动下行，跌势沉重。可见，大阴线是相对可靠的反弹结束信号，投资者应注意及时离场。

二、高开低走特殊大阴线判定

大阴线指的是实体较长，下跌幅度较大的阴线。这其中又有一种高开低走的特殊大阴线，是指开盘时股价大幅高开，但在开盘后却没有继续向上发起攻击，而是出现整体向下滑落的走势，最终收盘形成一根实体较长，但是没有上影线的大阴线。

一般来说，高开低走的大阴线是主力介入操盘导致的，并且由于高开低走大阴线会出现在不同的位置，因此，其代表的市场意义和主力意图也会不同，下面就来逐一进行解析。

No.07　低位区域的高开低走大阴线

> 形态图解

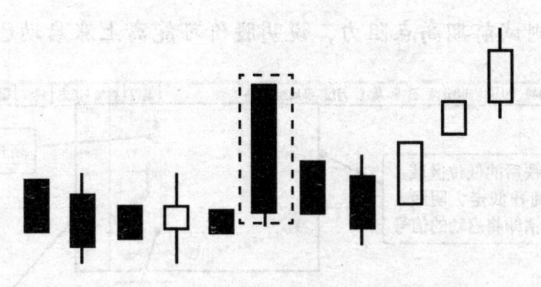

图 2-17　低位区域高开低走大阴线示意图

在股价经过一轮大幅下跌行情后的低位区域，K线收出一根高开低走大阴线，属于主力拉升前的试盘行为，后市看多。

> 操盘法则

对于这种低位区域出现的高开低走大阴线，投资者可以持币观望，一旦股价放量上行，超越大阴线实体一半以上时，说明涨势启动，投资者可以买进了。

> 重点提示

对于谨慎稳健型的投资者来说，低位区域的高开低走大阴线有两个比较好的买入点：一是股价放量拉升向上突破大阴线的最高点时；二是股价回踩不破大阴线最高点时。

> 实盘解读

福田汽车（600166）低位区域股价高开低走收出大阴线

图 2-18 为福田汽车 2019 年 5 月至 2020 年 6 月的 K 线图。

从图 2-18 中可以看到，福田汽车的股价前期经过一轮大幅下跌行情后，波动运行至 1.80 元价位线附近的低位区域，随后跌势渐缓，在该价位线上横盘整理运行。

2020 年 6 月 3 日，股价尾盘直线拉升至涨停板，K 线收出一根涨停大阳线，股价上涨至 1.95 元价位线上方，出现回升迹象。第二天，股价向上跳空高开表现强势，盘中却波动下行，最终以一根大阴线报收，收盘价高于前一日收盘价。

在相对低位区域出现高开低走大阴线，通常视为股价拉升前的试盘行为，目的在于测试前期高点阻力，说明股价可能离上涨启动已经不远了。

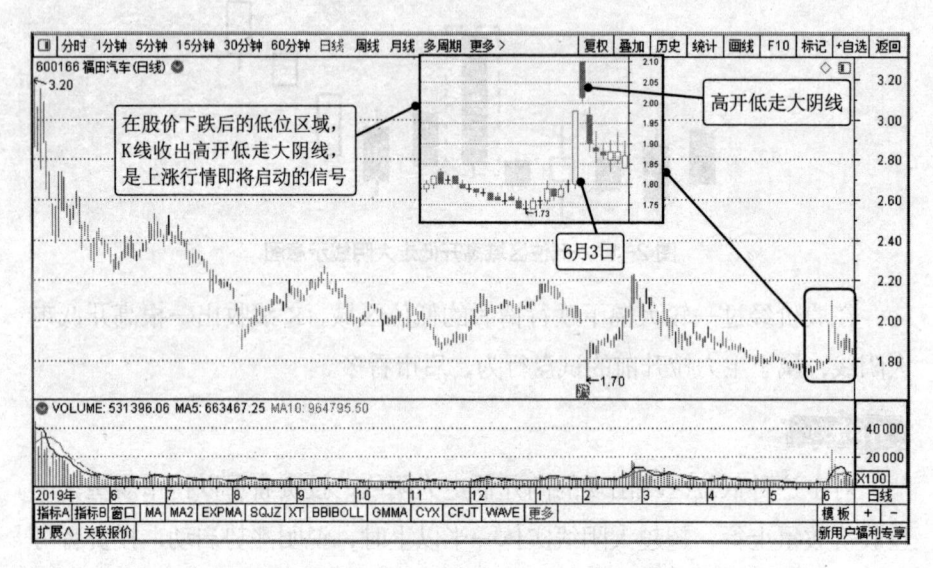

图 2-18　福田汽车 2019 年 5 月至 2020 年 6 月的 K 线图

图 2-19 为福田汽车 2020 年 6 月至 2021 年 4 月的 K 线图。

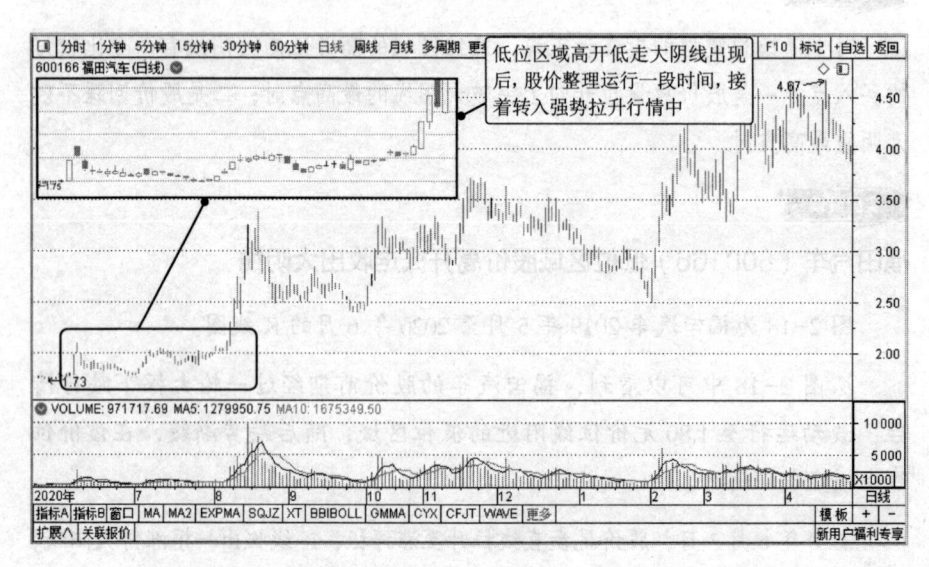

图 2-19　福田汽车 2020 年 6 月至 2021 年 4 月的 K 线图

从图 2-19 中可以看到，在股价的低位区域出现高开低走大阴线后，股价很快止涨，并小幅回落至 1.80 元价位线上，随后在 1.80 元至 2.00 元进行横盘窄幅整理运行。

2020 年 8 月上旬，K 线连续收出阳线向上拉升，下方成交量配合放大，说明福田汽车的新一轮上涨行情启动，此时投资者可以买入跟进，持股等待后市的卖出时机。

No.08　上涨途中的高开低走大阴线

形态图解

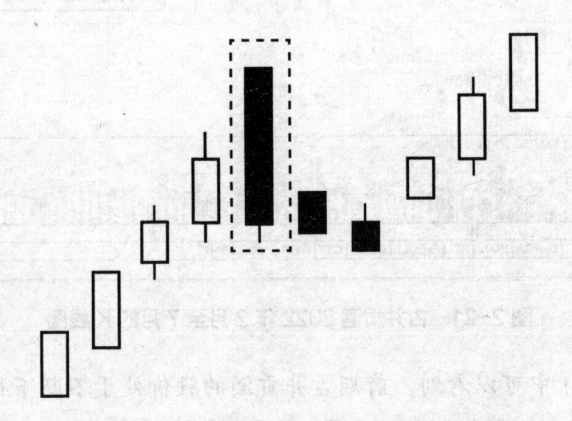

图 2-20　上涨途中的高开低走大阴线示意图

在股价向上拉升的途中，K 线也可能收出高开低走大阴线，目的在于使前期获利盘出局，这并不会改变股价的上涨趋势。经过几天的回调整理后，股价将重拾升势，继续向上攀升。

操盘法则

在上涨趋势正式形成后，上涨途中常常会出现高开低走大阴线，这种大阴线形成后股价往往会出现小幅回落调整，然后连续收阳。

因此，这种大阴线非但不是转势信号，反而有利于后市的大幅拉升。因为只有在上涨途中不断地换手，股价才会在不断涌入的买盘推动下实现持续上涨。

实盘解读

古井贡酒（000596）上涨途中高开低走大阴线分析

图 2-21 为古井贡酒 2022 年 2 月至 7 月的 K 线图。

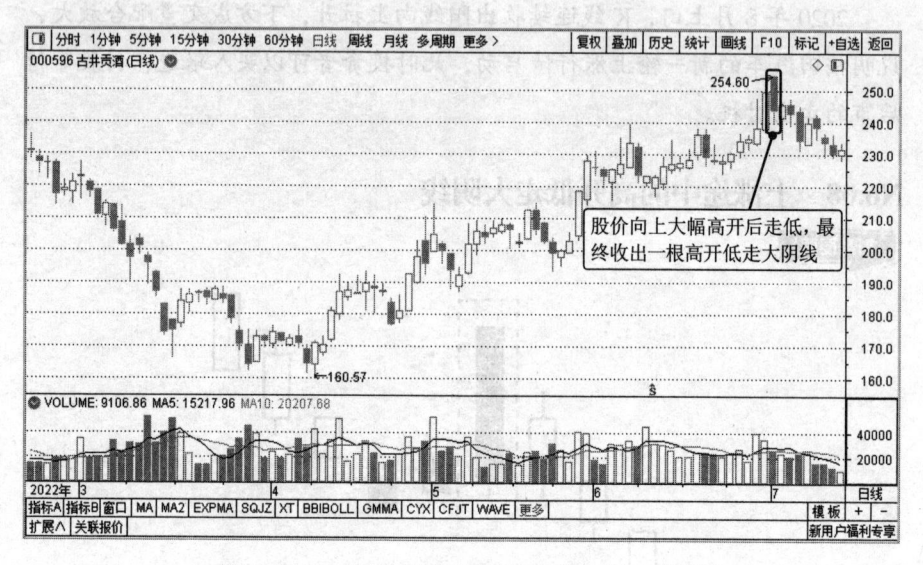

图 2-21　古井贡酒 2022 年 2 月至 7 月的 K 线图

从图 2-21 中可以看到，前期古井贡酒的股价处于不断下行的弱势行情中，2022 年 4 月上旬，股价下行至 170.00 元价位线上止跌，并在该价位线上横盘筑底。

2022 年 4 月中旬，股价开始转入不断上涨的拉升行情中，股价向上波动运行，态势良好。

2022 年 7 月初，股价上涨至 250.00 元价位线附近时突然向上大幅高开，创出 254.60 元的新高，但开盘后股价波动下行，最终形成一根高开低走大阴线。

高价低走大阴线出现在股价拉升的途中，可能是上涨途中的回调，多头动能并未减弱，后市继续看涨，场内投资者应继续持股。

图 2-22 为古井贡酒 2022 年 4 月至 10 月的 K 线图。

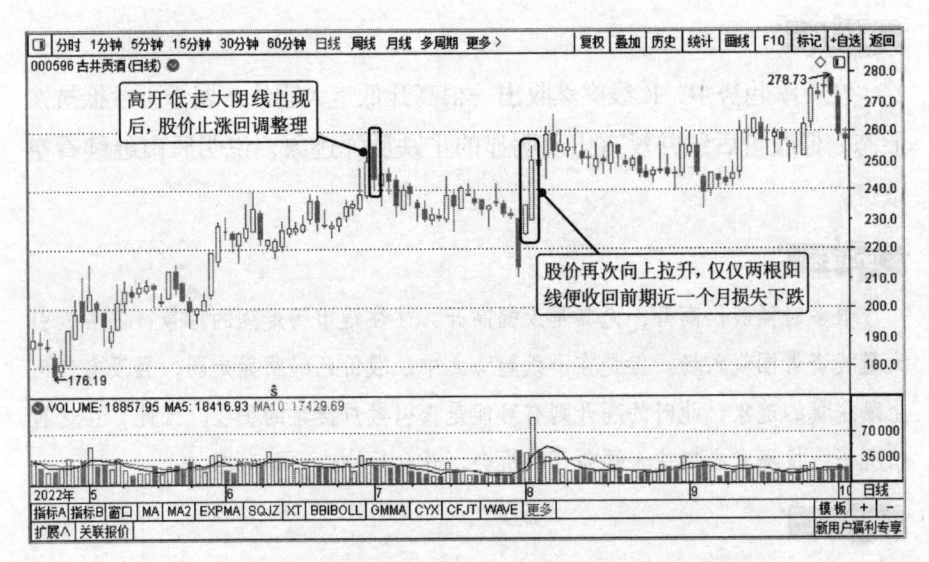

图 2-22　古井贡酒 2022 年 4 月至 10 月的 K 线图

从图 2-22 中可以看到，高开低走大阴线出现后股价止涨开始回调整理。2022 年 8 月初，股价再次向上发起冲击，K 线连续收出两根阳线，收回前期近一个月回调造成的损失，随后股价继续之前的拉升行情，向上波动运行。

No.09　下跌途中的高开低走大阴线

形态图解

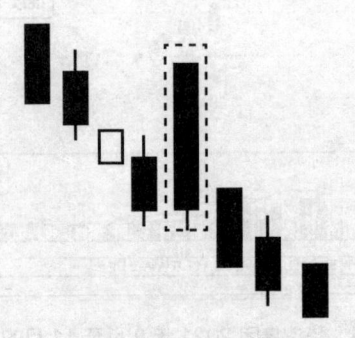

图 2-23　下跌途中的高开低走大阴线示意图

股价见顶转入不断下行的弱势行情中，某一时刻收出一根高开低走大阴线，是股价继续下行的信号。

> **操盘法则**

在下跌趋势中，K 线突然收出一根高开低走大阴线，属于下跌抵抗性形态，但股价后续并没有出现明显的止跌反弹迹象，说明后市继续看空做空。

> **重点提示**

很多时候股价高开，尤其是大幅高开，往往是市场走强的信号，能够吸引大量投资者围观入场。但是在下跌趋势之中，股价已经明显走弱，且没有任何止跌企稳的迹象，此时的高开则有可能是吸引散户接盘的手段。因此，在这种情况下，投资者应抓住大幅高开的机会，开盘后快速挂单卖出。

> **实盘解读**

华谊集团（600623）下跌过程中高开低走大阴线分析

图 2-24 为华谊集团 2021 年 8 月至 11 月的 K 线图。

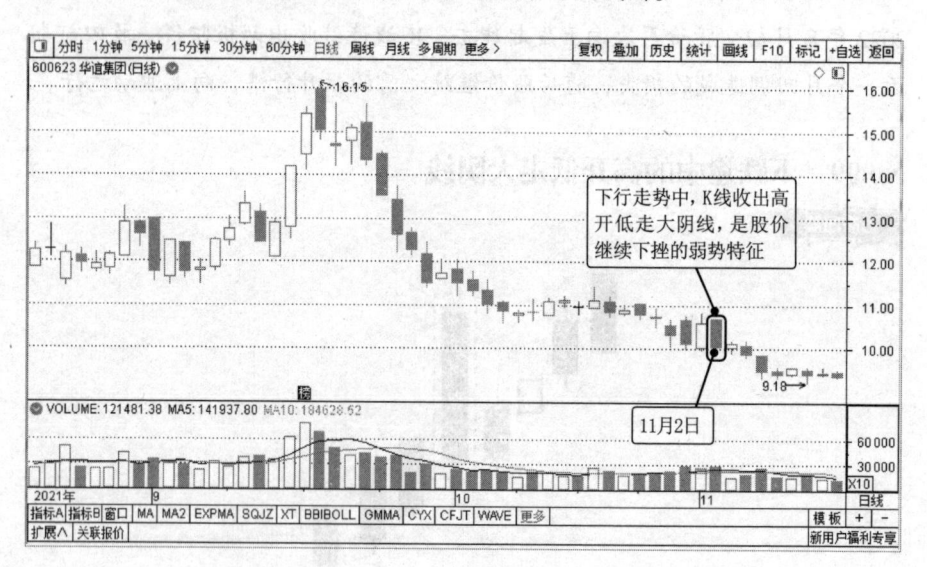

图 2-24　华谊集团 2021 年 8 月至 11 月的 K 线图

从图 2-24 中可以看到，华谊集团的股价前期表现出的是明确的上涨行情，股价不断向上波动运行。2021 年 9 月中旬，股价上行至 16.00 元价位线上方，创出 16.15 元的新高后，K 线收出一根带上影线的阴线止涨回落，转入下跌趋势之中。

随后K线连续收出阴线，不断拉低股价，跌势沉重。2021年10月底，股价下行至10.00元价位线附近后止跌横盘，进入整理阶段之中。11月2日，股价向上高开，但开盘后却不断下行，整体走势沉闷，最终以一根高开低走大阴线报收。

从下跌的幅度来看，股价从16.00元价位线附近位置跌至高开低走大阴线位置时，跌幅约为37.5%，由此可以判断，当前的位置大概率为下跌途中而并非底部。因此，该股后市继续下行表现弱势行情的可能性较大，此时场外投资者不应贸然入场。

图2-25为华谊集团2021年10月至2022年5月的K线图。

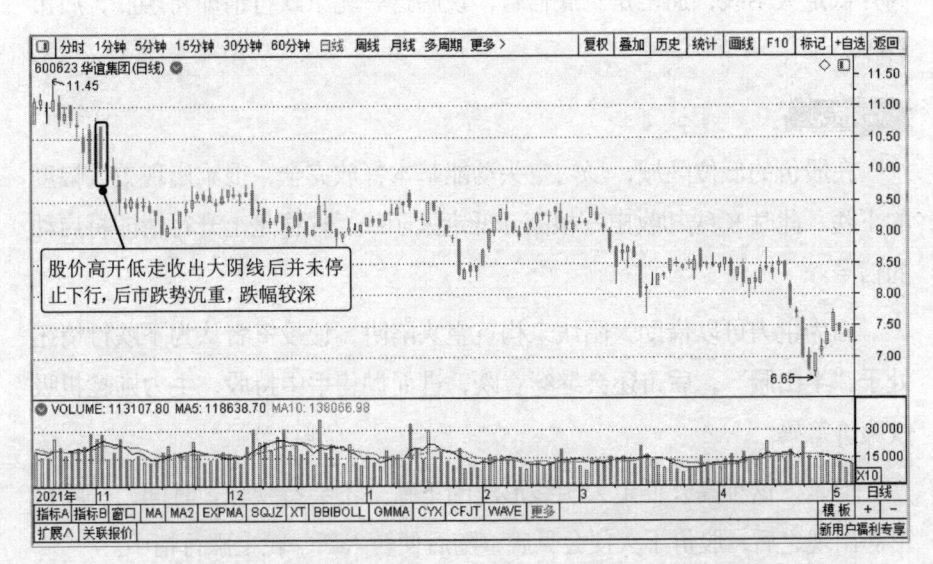

图2-25　华谊集团2021年10月至2022年5月的K线图

从图2-25中可以看到，在股价不断下跌的途中，K线收出高开低走大阴线后，华谊集团的股价继续表现之前的弱势走势，股价震荡下行，跌势沉重，跌幅较深。

若投资者能够在前期高开低走大阴线的位置及时出局，就能避开这一波幅度较大的下跌。

No.10　下跌末期的高开低走大阴线

> **形态图解**

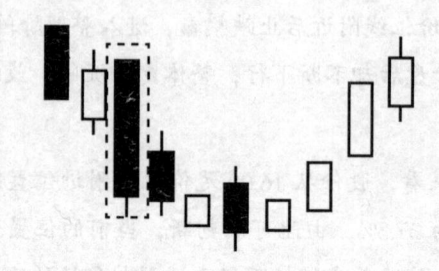

图 2-26　下跌末期的高开低走大阴线示意图

股价经过一轮大幅下跌行情后，跌势减缓，此时 K 线突然收出一根高开低走大阴线，通常是见底信号，说明这一轮下跌行情即将触底，后市看多。

> **操盘法则**

在股价的低位区域，场内空头动能基本释放完全，很难出现更大幅度的下跌。此时 K 线却收出一根高开低走大阴线，往往是上升行情即将启动的信号。

因为主力可以借助大阴线来构筑空头陷阱，让投资者认为下跌行情还处于"半山腰"，后市还会继续看跌，进而抛售手中持股，主力则趁机吸收廉价筹码。

但是，这种高开低走大阴线形成的下跌并不会持续较长时间，一般该形态出现之后，股价不久便会见底，随后便转入新一轮上涨行情中。

> **重点提示**

对于场外投资者来说，下跌末期的高开低走大阴线出现后可以积极关注，待底部形成便可买入跟进，持股待涨。

> **实盘解读**

江苏吴中（600200）下跌末期高开低走大阴线分析

图 2-27 为江苏吴中 2020 年 2 月至 2021 年 2 月的 K 线图。

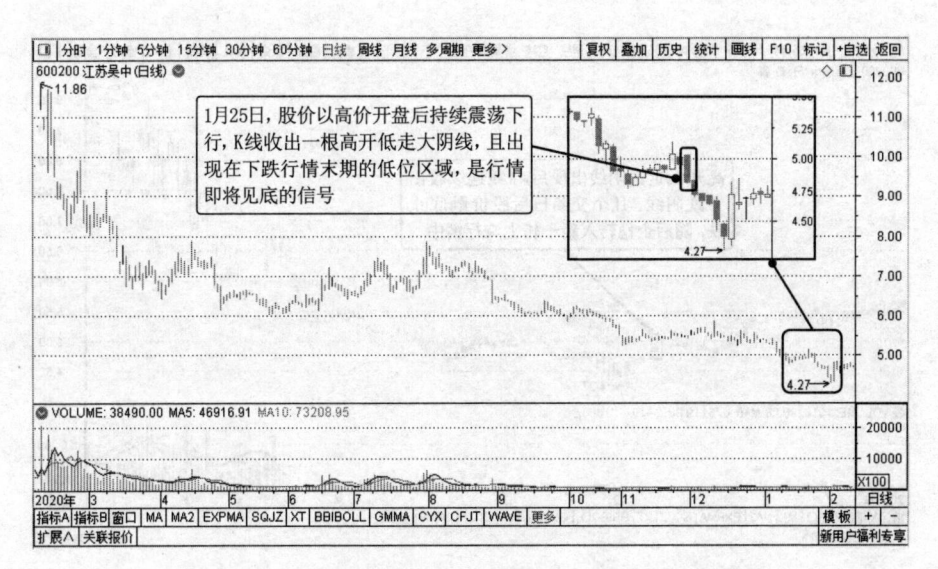

图 2-27　江苏吴中 2020 年 2 月至 2021 年 2 月的 K 线图

从图 2-27 中可以看到，江苏吴中的股价处于不断下行的弱势行情之中，股价从 11.00 元价位线上方的相对高位处向下震荡运行。

经过一轮长时间、大幅度的下跌走势之后，2021 年 1 月，股价运行至 5.00 元价位线附近，跌势减缓，并在小幅跌破该价位线后小幅回升，下方成交量表现极度缩量。

1 月 25 日，股价突然向上高开，开盘后股价震荡下滑直至收盘，最终 K 线以一根高开低走的大阴线报收。

高开低走大阳线在低位区域出现，说明这一轮下跌即将触底，新一轮上涨行情即将启动，投资者可以在场外持币观望，等待机会入场。

图 2-28 为江苏吴中 2020 年 12 月至 2021 年 5 月的 K 线图。

从图 2-28 中可以看到，高开低走大阴线在股价下跌行情的末期出现后，K 线连续收出五根阴线，将股价拉低至 4.50 元价位线下方，在创出 4.27 元的新低后便止跌筑底，不久之后，新一轮上涨行情启动，股价转入波动向上的拉升行情之中，涨幅较大。

此时，投资者可以抓住时机再次买进，持股待涨。

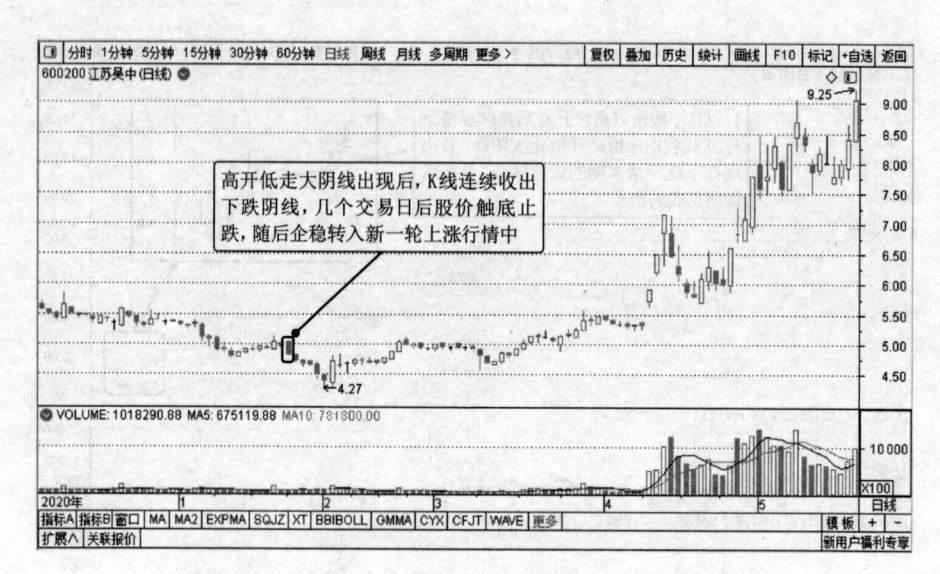

图 2-28　江苏吴中 2020 年 12 月至 2021 年 5 月的 K 线图

第三章

重要位置的阴线买卖技巧

当股价运行至某一重要位置陷入胶着状态，未来走势不明时，一些具有突破或跌破意义的阴线是非常值得关注的，这些阴线往往能够传递出具有参考价值的市场信号，可帮助投资者作出投资决策。

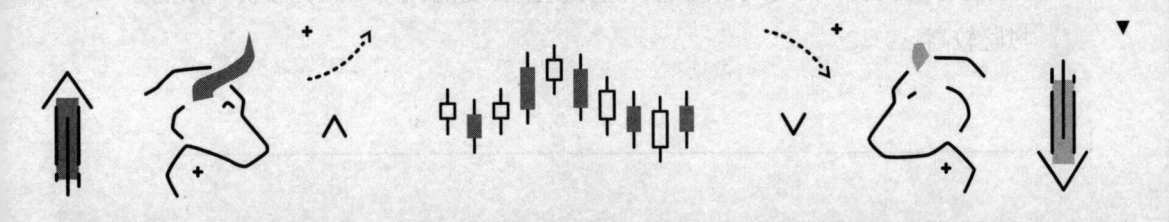

一、重要位置下的阴线买入法

多数情况下,投资者总是在阳线出现,行情向好时积极买进,殊不知,阴线同样可以发出买入信号。在个股收阴的时候买入股票,可以有效降低短线成本,属于"左侧买入"的一种方式,但是这对投资者的要求比较高。

No.01 股价回落到支撑线上阴线买入

形态图解

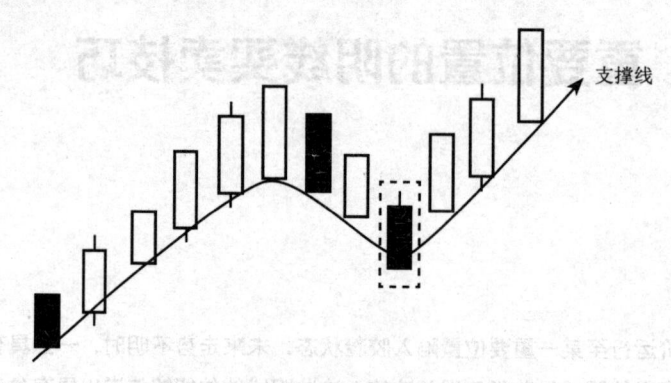

图 3-1 股价回落到支撑线上阴线示意图

股价在支撑线的支持下不断上行,当创下阶段新高后,止涨回调收出阴线,阴线不跌破支撑线的位置是买入点。

操盘法则

股价回落至支撑线上止跌,说明该股的上升趋势并未发生改变,后市继续上涨的可能性较大。投资者在借助阴线买入时,尽量买在支撑线附近,这样可以降低持股成本。

该方法的操盘关键是确定支撑线。支撑线的确定方法有很多,例如,箱体法、趋势线法、均线法、颈线法、黄金分割法、百分比法、江恩线法等。在实际中运用比较多的是均线法,通常以 10 日均线或 20 日均线为支撑线,如果股价跌破 20 日均线,则说明趋势发生转变的概率较大,股价下跌的风险较高。

重点提示

- 买入后如果股价出现破位下跌，投资者应及时止损。
- 投资者在选股时应尽量选择热门题材的龙头股，这种类型的个股在创下阶段性新高后可能会吸引另外的主力接力，所以，后市股价继续上涨的概率更大。

实盘解读

湘电股份（600416）支撑线上阴线买入分析

图 3-2 为湘电股份 2022 年 1 月至 7 月的 K 线图。

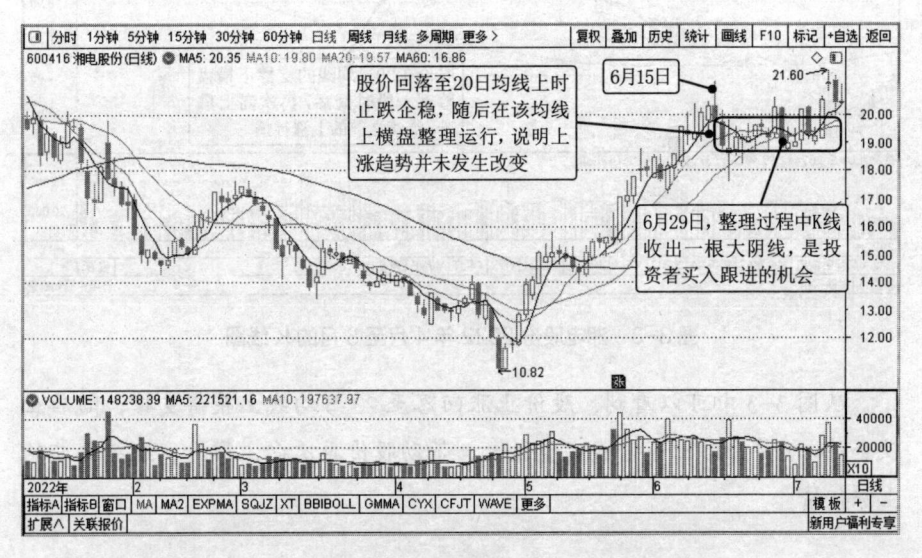

图 3-2 湘电股份 2022 年 1 月至 7 月的 K 线图

从图 3-2 中可以看到，湘电股份的股价前期经过一轮下跌行情后运行至 12.00 元价位线下方，在创出 10.82 元的新低后止跌回升，转入上升趋势之中，股价在 5 日均线上方波动运行，表现强势，拉升较快。

2022 年 6 月中旬，股价上行至 20.00 元价位线附近止涨，6 月 15 日，K 线收出一根带长影线的阴线，创出 21.17 元的高价后回落，形成阶段顶部。

股价快速跌破 5 日均线运行至下方，但下行至 19.00 元价位线附近便止跌，并未有效跌破 20 日均线，仍然受到 20 日均线的有效支撑，并在 20 日均线上横盘整理运行，由此说明该股的上涨趋势并未发生改变，后市继续看涨。6月29日，股价低开低走收出一根大阴线，但并未有效跌破20日均线，此时为投资者低价买进的机会。

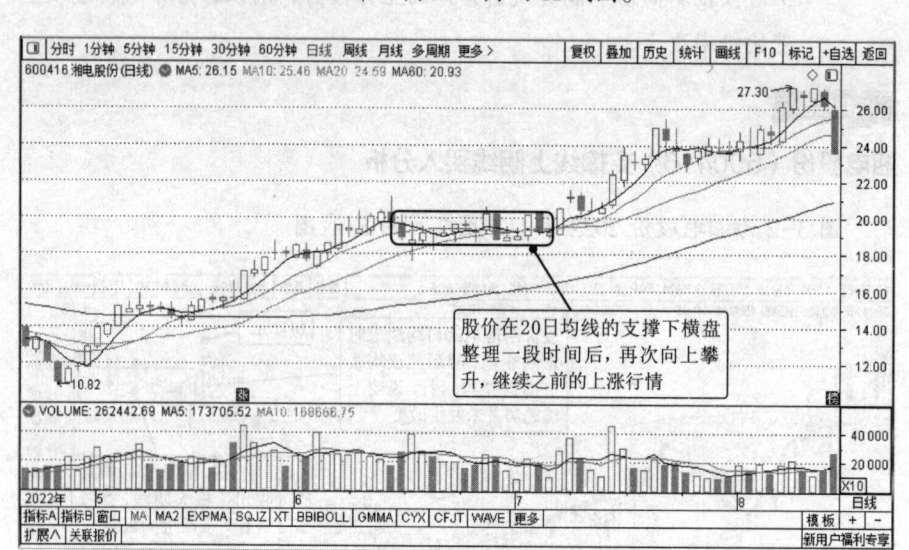

图3-3为湘电股份2022年4月至8月的K线图。

图3-3 湘电股份2022年4月至8月的K线图

从图3-3中可以看到，股价止涨回落至20日均线上获得支撑，随后止跌企稳。7月上旬，下方成交量放大，带动股价再次向上攀升，继续之前的上涨行情。

No.02 箱体顶端支撑阴线买入

形态图解

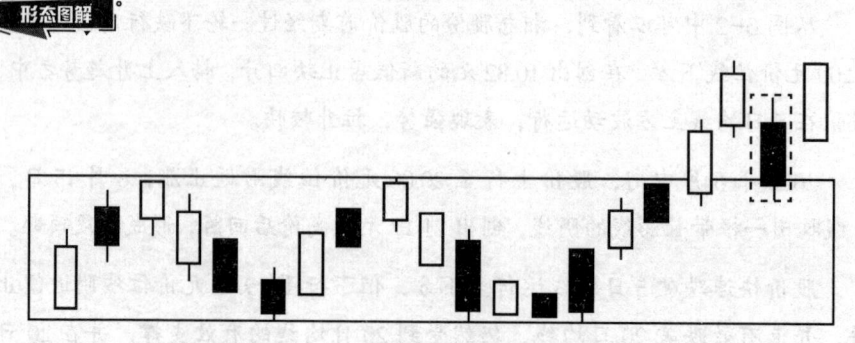

图3-4 箱体顶端支撑阴线示意图

箱体顶端支撑阴线是指股价在上涨趋势中运行至某一位置时出现箱体震荡，上行至箱体顶部时受到阻力压制而止涨下跌，下行至箱体底部获得支撑而止跌回升，如此反复。当股价突然放量拉升，有效突破箱体顶部，运行至箱体上方，此时箱体顶部的压制作用转为支撑作用，待股价止涨回调至箱体顶端，出现阴线之时，就是投资者较好的入场机会。

操盘法则

在箱体顶端支撑阴线买入的目的是降低风险，当价格突然突破箱体，快速向上运行，表现强势时，投资者可以不着急追高跟进，耐心等待价格回调再次踩上箱体上沿，获得支撑后收出阴线时再买入，风险会更低。

重点提示

- ◆ 股价向上突破箱体时下方成交量应配合放量，而股价止涨回踩箱体时，成交量应表现缩量。
- ◆ 如果投资者买入后，股价再次跌破支撑位，则需要耐心等待回抽，然后止损卖出。

实盘解读

光明乳业（600597）股价回落箱体顶部支撑阴线买入分析

图3-5为光明乳业2020年3月至7月的K线图。

从图3-5中可以看到，光明乳业的股价自2020年3月中旬起，从10.00元价位线附近的相对低位处开始向上攀升，表现强势上升行情。

股价不断波动向上运行，涨势稳定。2020年5月底，股价上行16.50元价位线附近时遇阻回落，随后下行至14.50元价位线附近时获得支撑止跌回升，接着长期在两条边线的限制下横向震荡。

2020年7月下旬，下方成交量放大，带动股价上涨，K线连续拉出两根上涨大阳线，一举有效突破箱体顶部，运行至箱体上方，说明该股上涨趋势可以延续，后市继续看涨。

股价上行至17.50元价位线附近后止涨回调，K线连续收阴。7月27日，股价高开低走收出一根中阴线,跌至转换为支撑线的箱体顶部,此时为投资者买进的好时机。

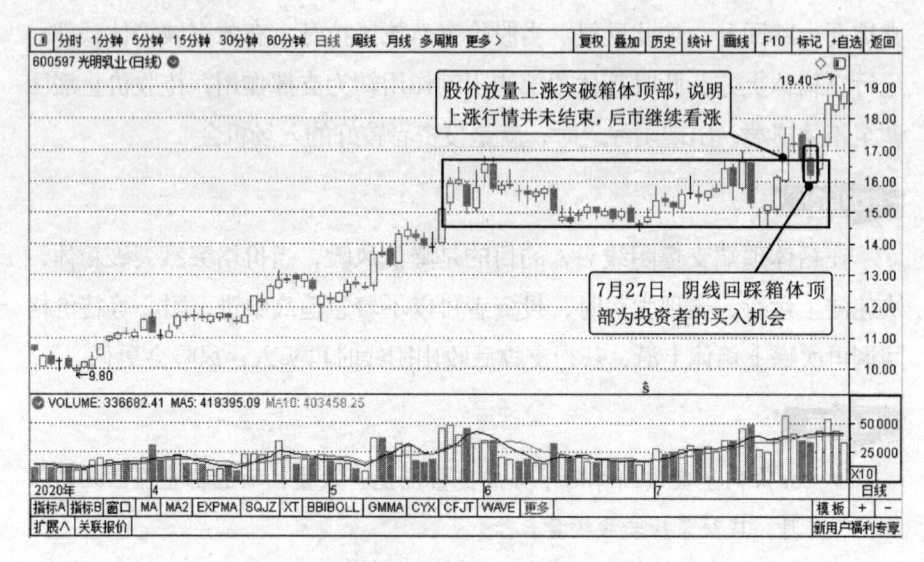

图3-5 光明乳业2020年3月至7月的K线图

图3-6为光明乳业2020年5月至9月的K线图。

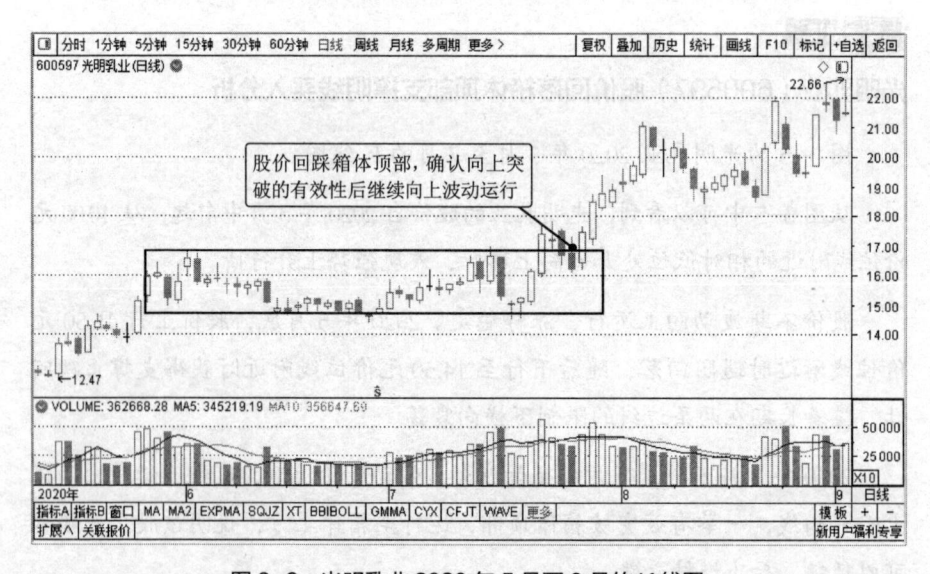

图3-6 光明乳业2020年5月至9月的K线图

从图3-6中可以看到,光明乳业的后市股价放量上涨突破箱体顶部,回踩确认突破的有效性后，股价继续之前的上升行情，向上波动运行，涨势稳定，涨幅较大。

No.03　横刀立马支撑线上阴线买入

形态图解

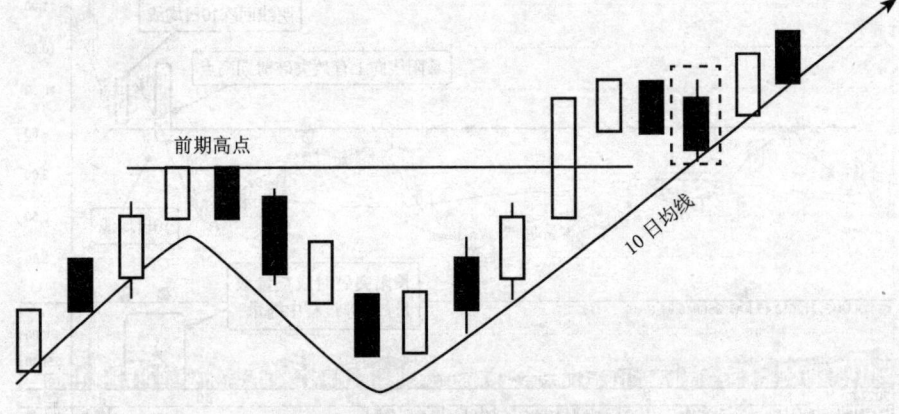

图 3-7　横刀立马支撑线上阴线示意图

横刀立马形态是指当股价运行至前期高点附近时，突然收出一根大阳线突破此高点，随后便展开横盘整理，待 10 日均线慢慢跟上后，K 线收出阴线回踩 10 日均线，此时便可以跟进。

操盘法则

投资者在利用横刀立马支撑线上的阴线买入时需要注意，首先，最好等股价回踩 10 日均线时再买入，不能急切介入。其次，还要注意下方的成交量，长阳（实体较长的阳线）突破时为放量，整理过程中需要缩量。最后，形态出现位置较低的股票成功率较高，在高位突破的股票风险较大，应该尽量避免。

重点提示

- ◆ 长阳突破后盘整时间不应该超过 14 天，超过应出局。
- ◆ 当股价向下有效跌破 10 日均线时，投资者应立即止损，或者等待回抽到相对高位时止损。

> **实盘解读**

厦门象屿（600057）横刀立马回档时阴线买入分析

图 3-8 为厦门象屿 2022 年 5 月至 11 月的 K 线图。

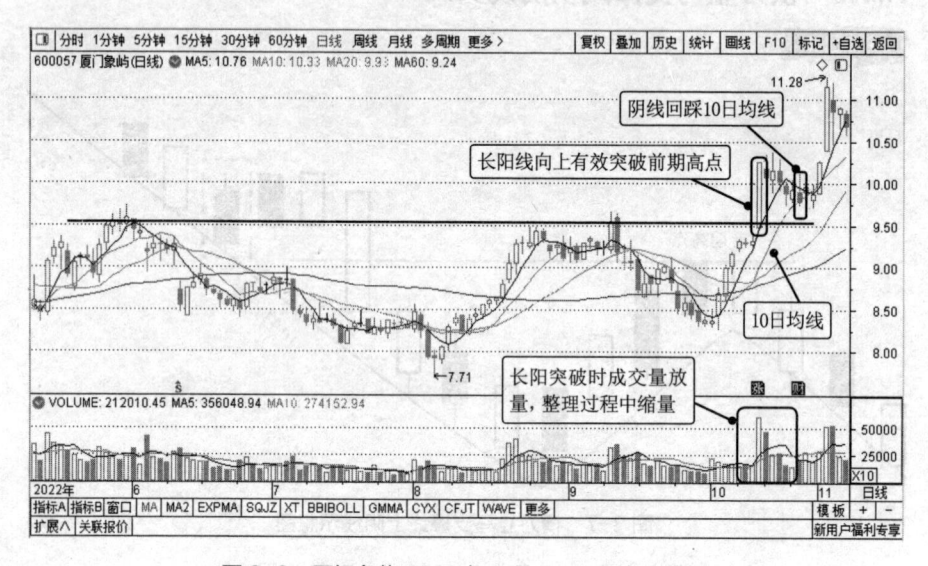

图 3-8　厦门象屿 2022 年 5 月至 11 月的 K 线图

从图 3-8 中可以看到，厦门象屿的股价前期多次上涨至 9.50 元价位线附近，在此受到压力而遇阻回落，9.50 元价位线成为一个重要压力位。

2022 年 10 月初，K 线再次收出连续阳线，向上发起冲击。当上涨至前期高点 9.50 元价位线附近时，股价向上跳空高开，开盘后继续上扬，表现强势，最终以一根放量长阳线报收，一举突破 9.50 元阻力位，并拉升至 10.00 元价位线上方，随后止涨，在 10.00 元价位线上横盘运行，整理过程中成交量表现缩量。

在股价横盘整理的过程中，10 日均线跟随上扬，当均线与 K 线靠近时，K 线收出一根阴线回踩 10 日均线，此时为投资者跟进买入的机会。

图 3-9 为厦门象屿 2022 年 8 月至 12 月的 K 线图。

从图 3-9 中可以看到，阴线回踩 10 日均线后，股价继续横盘调整了两个交易日，然后向上发起攻击，表现上升行情，均线系统向上运行，股价波动上行，涨势强烈。

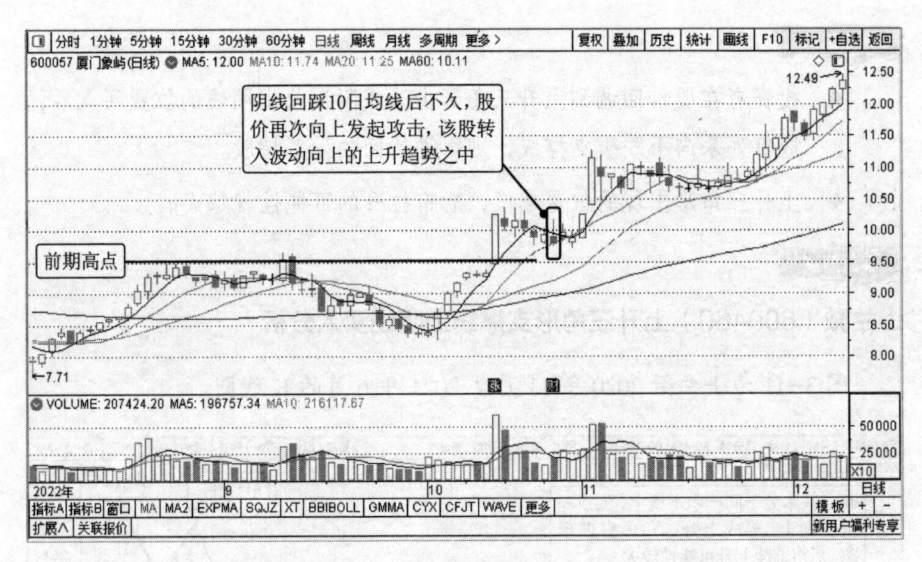

图 3-9　厦门象屿 2022 年 8 月至 12 月的 K 线图

No.04　上升三角形支撑线上阴线买入

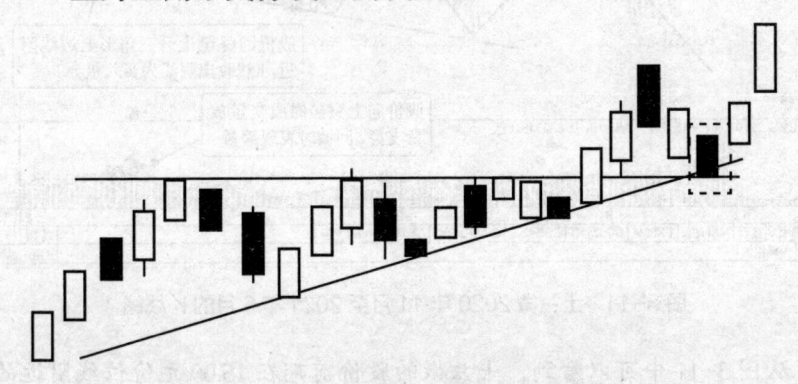

图 3-10　上升三角形支撑线上阴线示意图

当股价上涨至某一价位线时形成上升三角形整理形态，某天股价放量上涨有效突破上升三角形上边线，说明该股即将回归上升趋势，后市继续看涨，投资者可在股价回踩上升三角形上边线并收出阴线时买入。

操盘法则

上升三角形支撑线上阴线买入的要点主要集中在成交量上，股价向上突破时需要成交量做支撑，但量能不能过大，回调时需要缩量。

重点提示

- 投资者在股价回调到上升三角形上边线附近收出阴线的位置买入后，股价如果向下跌破支撑线，则需等待回抽抛售持股。
- 上升三角形出现的位置越低，后市拉升的可能性就越大。

实盘解读

士兰微（600460）上升三角形支撑线上阴线买入分析

图 3-11 为士兰微 2020 年 11 月至 2021 年 6 月的 K 线图。

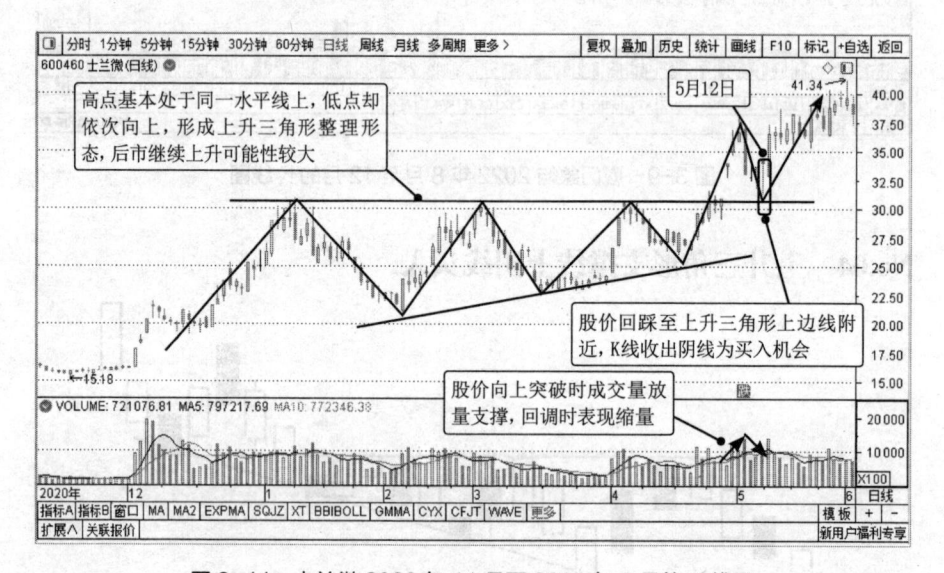

图 3-11　士兰微 2020 年 11 月至 2021 年 6 月的 K 线图

从图 3-11 中可以看到，士兰微的股价前期在 15.00 元价位线附近的相对低位区域横盘整理，2020 年 12 月初，下方成交量突然放大，带动股价向上攀升，该股转入不断向上的上涨行情之中。

2021 年 1 月初，股价上涨至 31.00 元价位线附近后止涨回落，下行至 21.50 元价位线附近止跌回升，随后反复在 31.00 元价位线之下震荡运行。

仔细观察可以发现，股价三次上涨回落形成了三个基本上处于同一水平位置的高点，而回落形成的低点却依次上升，形成了上升三角形整理形态。上升三角形属于中期整理形态，后市股价向上突破继续表现上涨的可能性较大。

2021年4月下旬，股价放量拉升向上突破上升三角形上边线，运行至上方，说明市场仍然表现强势。股价上涨至37.50元价位线附近后止涨回调，回调时下方成交量表现为缩减状态。5月12日，股价在三角形上边线附近收出带长下影线的阴线，为投资者跟进买入的机会。

图 3-12 为士兰微 2020 年 12 月至 2021 年 8 月的 K 线图。

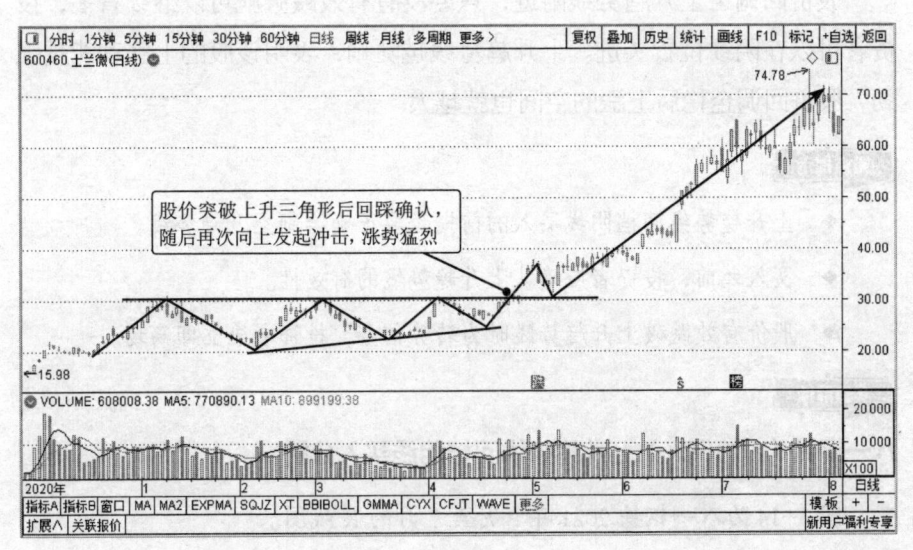

图 3-12　士兰微 2020 年 12 月至 2021 年 8 月的 K 线图

从图 3-12 中可以看到，股价有效突破上升三角形上边线后再次向上发起冲击，表现波动上行的强势拉升行情，涨势猛烈，涨幅较大。

No.05　上升趋势线回档阴线买入

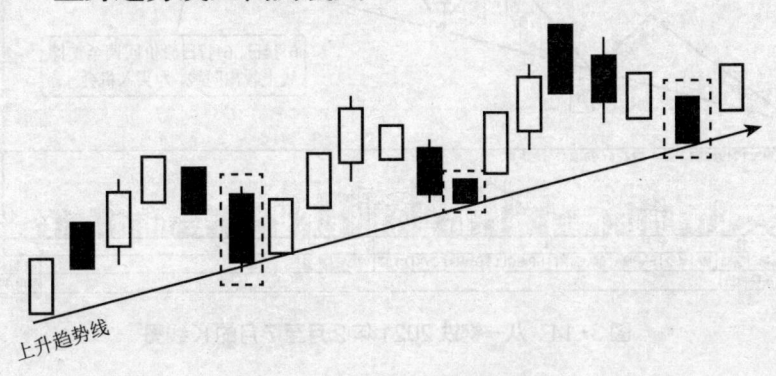

图 3-13　上升趋势线回档阴线示意图

连接上涨行情中股价回调时的低点，可绘制出上升趋势线，上升趋势线对股价起到支撑作用。当股价回调至趋势线上收出阴线时，就是投资者的买入机会。

操盘法则

股价回调至上升趋势线附近，只要没有有效跌破就可以继续看多，投资者可以在阴线位置买进。上升趋势线越陡峭，表明该股的上涨动能越强劲，股价回调企稳后上涨的空间也就越大。

重点提示

- 上升趋势线回档阴线买入的前提是要正确绘制上升趋势线。
- 买入之前，投资者应确认上升趋势线的有效性。
- 股价有效跌破上升趋势线时为转势信号，投资者应立即离场。

实盘解读

八一钢铁（600581）上升趋势线回档阴线买入分析

图3-14为八一钢铁2021年2月至7月的K线图。

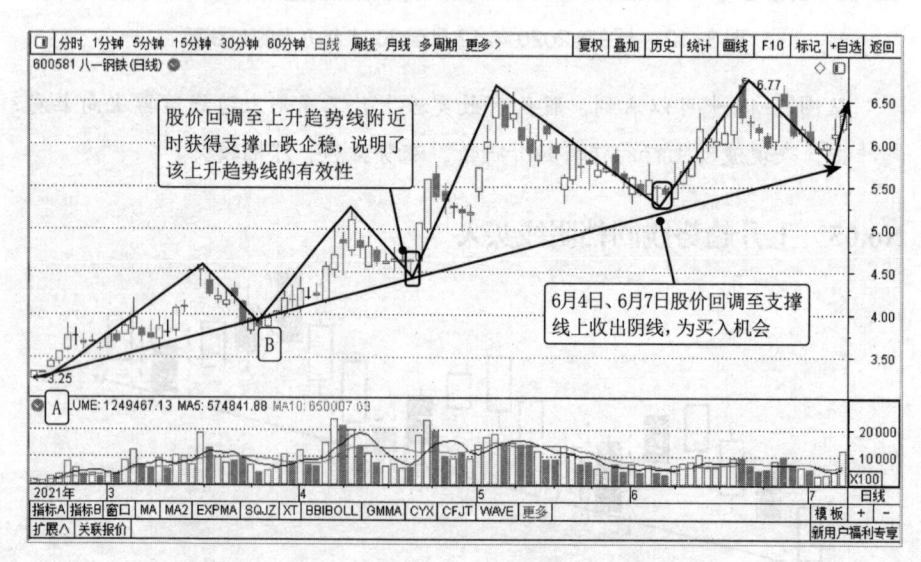

图3-14　八一钢铁2021年2月至7月的K线图

从图 3-14 中可以看到，八一钢铁的股价从 3.25 元的相对低位区域开始向上波动运行，连接股价波动运行时形成的低点 A、B，可绘制出一条上升趋势线。2021 年 4 月中旬，股价止涨回调，跌至上升趋势线附近时获得支撑而止跌企稳，然后再次向上运行。由此可见，这一条上升趋势对股价的上涨起到了极好的支撑作用。

2021 年 5 月上旬，股价上行至 6.50 元价位线上方后再次止涨回调，下行至支撑线附近时获得支撑止跌。在股价整理过程中，6 月 4 日和 6 月 7 日，K 线均收出小阴线，是投资者买入追涨的机会。

图 3-15 为八一钢铁 2021 年 2 月至 11 月的 K 线图。

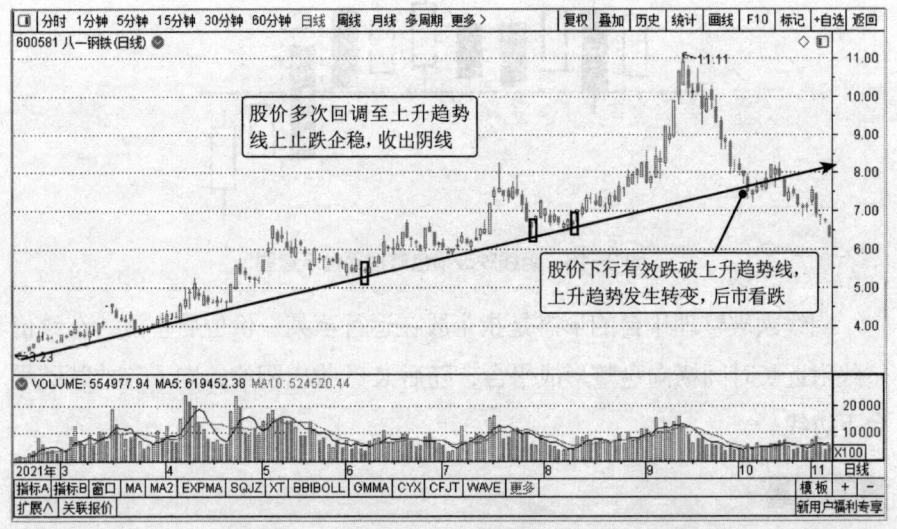

图3-15　八一钢铁2021年2月至11月的K线图

从图 3-15 中可以看到，该上升趋势线对股价上行起到了重要的支撑作用，股价多次回调至上升趋势线上获得支撑后继续向上表现上涨行情。如果投资者借助上升趋势线上的回档阴线短线买入，高抛低吸，则有机会获得比较可观的收益。

但是，如果股价回调至上升趋势线上时没有止跌，甚至有效跌破，则不能盲目买进，因为趋势可能反转。

二、阴线跌破关键位置的卖出法

当股价运行至某一重要价位时，多空双方形成短暂的平衡状态，股价后市走向不明。这时候如果K线收出阴线有效跌破某支撑线，打破这一平衡状态，发出的就是卖出信号。这时，场内投资者就需要注意抛售持股，及时离场，避免造成损失。

No.06　阴线跌破整理平台

形态图解

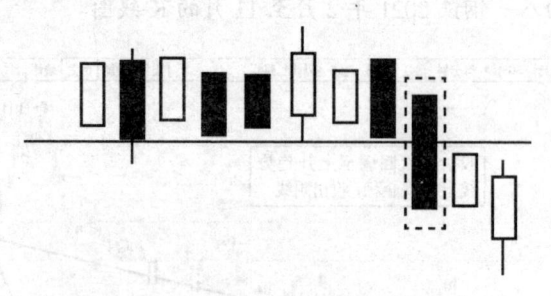

图3-16　阴线跌破横盘整理平台示意图

阴线跌破整理平台的形态是指个股在运行至某一价位后止涨，在该价位线附近长时间横向盘整形成平台，随后K线收出阴线，向下有效跌破平台下边线。

操盘法则

股价跌破整理平台后，短时间内可能会反弹到平台下边线附近，然后再次下破，确认跌破的有效性。前期阴线跌破平台时没有卖出持股的投资者，可以在此时离场。

重点提示

在实际投资中，投资者还需要考虑平台的位置。如果平台位置处于低价区域，在可以确定后市上涨空间的情况下，投资者可以继续持股不用卖出，相反还可以利用破位下跌加仓买进。但如果平台处于较高价位，投资者还是以卖出为佳。

实盘解读

越秀资本（000987）阴线跌破高位平台分析

图 3-17 为越秀资本 2020 年 5 月至 8 月的 K 线图。

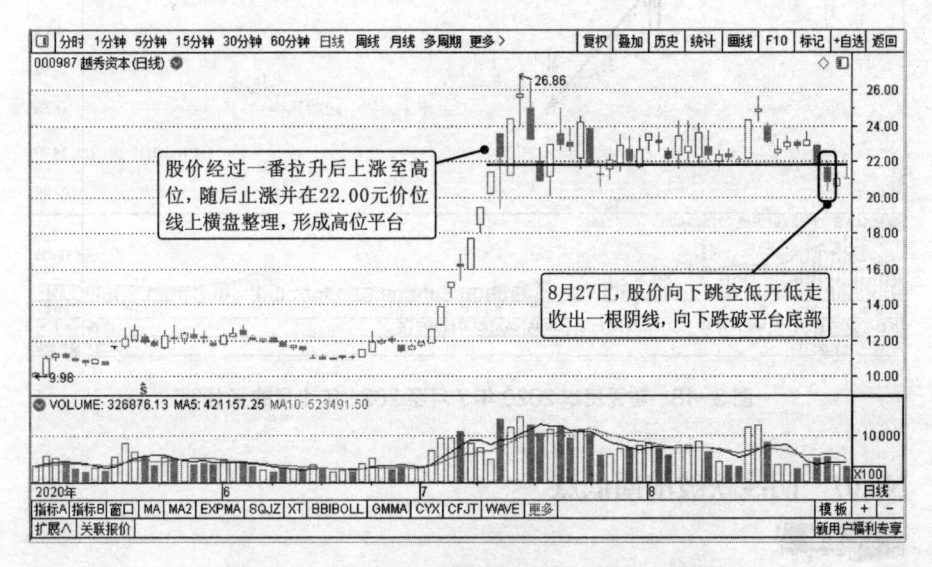

图中标注：
- 股价经过一番拉升后上涨至高位，随后止涨并在 22.00 元价位线上横盘整理，形成高位平台
- 8月27日，股价向下跳空低开低走收出一根阴线，向下跌破平台底部

图 3-17　越秀资本 2020 年 5 月至 8 月的 K 线图

从图 3-17 中可以看到，越秀资本的股价处于拉升行情中，K 线收出连续阳线，股价上涨至 26.00 元价位线上方，创出 26.86 元的新高后，回落至 22.00 元价位线上止跌，并在该价位线上横向盘整运行，形成高位平台。

2020 年 8 月 27 日，股价向下跳空低开，开盘后短暂上冲随后快速下跌，盘中多头奋力向上拉升，但直至收盘都未能改变下跌走势，最终 K 线以阴线报收。该阴线将股价拉低至 21.00 元价位线附近，并向下跌破平台，说明多空平衡的状态被打破，空头在双方博弈中占据优势，该股后市有可能转入波动下行的空头市场中，场内投资者应尽快离场。

图 3-18 为越秀资本 2020 年 7 月至 2021 年 1 月的 K 线图。

从图 3-18 中可以看到，阴线跌破高位平台后，股价小幅反弹回升至平台下边线后再次拐头下行，确认跌破的有效性。前期将其误判为上涨回调而不愿抛售持股的投资者，此时应坚决离场。

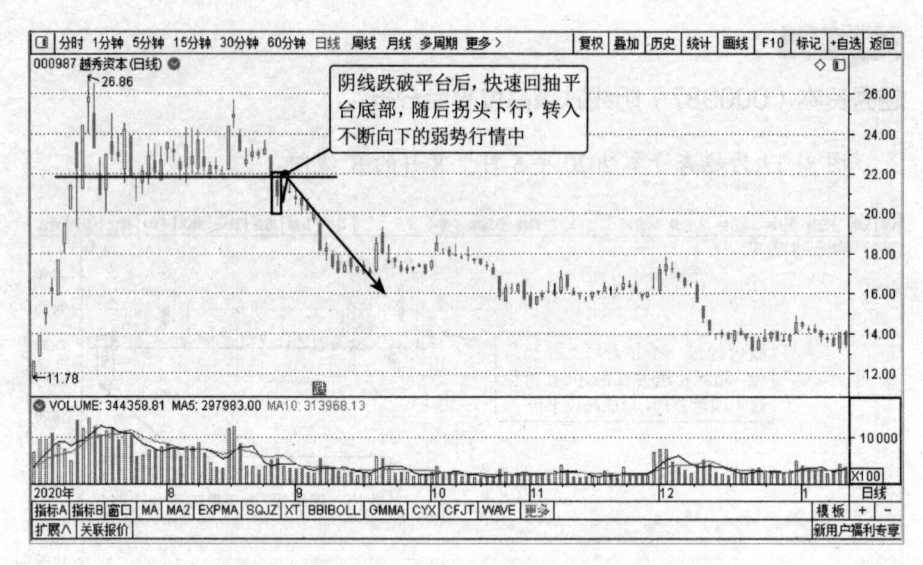

图3-18　越秀资本2020年7月至2021年1月的K线图

No.07　阴线跌破前期低点

形态图解

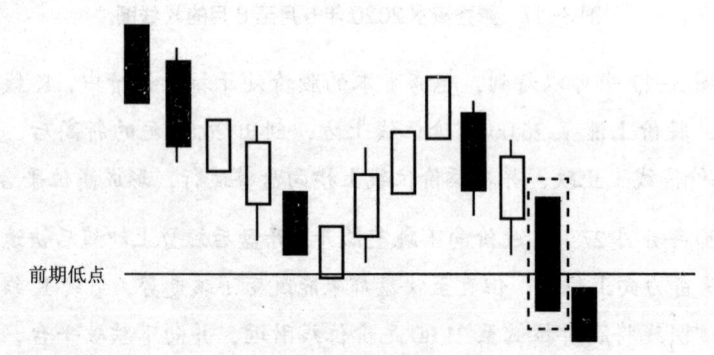

图3-19　阴线跌破前期低点示意图

阴线跌破前期低点是指股价处于不断下行的空头市场中，在某一价位处获得支撑而止跌回升后不久，股价反弹见顶，拐头继续下跌，并收出阴线跌破前期低点。

操盘法则

股价处于不断下行的弱势行情中，如果在某一价位获得支撑而止跌回升，此时存在两种可能：一是行情触底反转回升；二是反弹回升。当股价回升至一定高度后再次下跌，并且收阴跌破前期低点，则说明该股的下跌行情并未结束，后续还存在一定的下跌空间。

重点提示

- 在股价向下跌破前期低点的同时，如果成交量能够放大，K线相应收出一根中阴线或大阴线，那么看跌意味更浓，投资者应及时止损离场。
- 如果在K线收阴破位下跌时能够形成一个向下的跳空缺口，则是一个较强的看空信号。

实盘解读

沧州明珠（002108）阴线跌破前期低点跌势继续

图3-20为沧州明珠2021年10月至2022年3月的K线图。

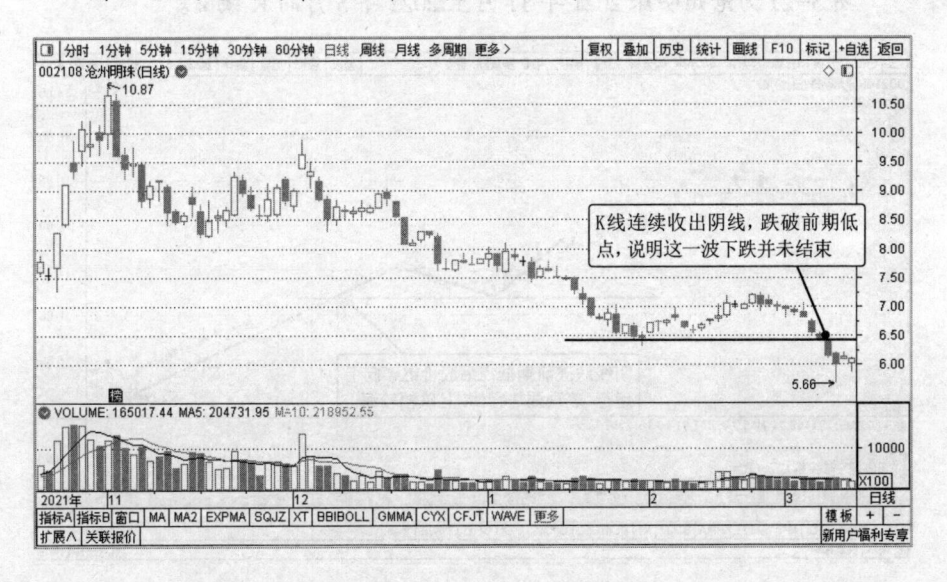

图3-20 沧州明珠2021年10月至2022年3月的K线图

从图3-20中可以看到，沧州明珠的股价经过一轮上升行情后运行至10.50元价位线上方，在创出10.87元的新高后止涨回落，随后转入不断下行的弱势行情之中。

2022年1月底，股价经过一段时间的下跌后运行至6.50元价位线附近获得支撑，跌势减缓，并在该价位上横盘整理。随后K线连续收出阳线，开始小幅回升。

但此番上行并未持续较长时间，股价上涨至7.00元价位线附近后便止涨，短暂横盘后K线连续收阴再次下跌。当股价下跌至前期低点6.50元价位线附近时，跌势并未减缓。

3月8日，股价向下低开，开盘后迅速下跌，跌势猛烈，午盘后虽然多头拉升，但并未改变跌势，最终K线以一根大阴线报收。

该大阴线有效跌破前期低点，由此可知，市场中的空头仍然占据优势，该股还存在下跌空间，此时场外投资者不宜入场，场内投资者应尽快离场，避免扩大损失。

图3-21为沧州明珠2021年11月至2022年5月的K线图。

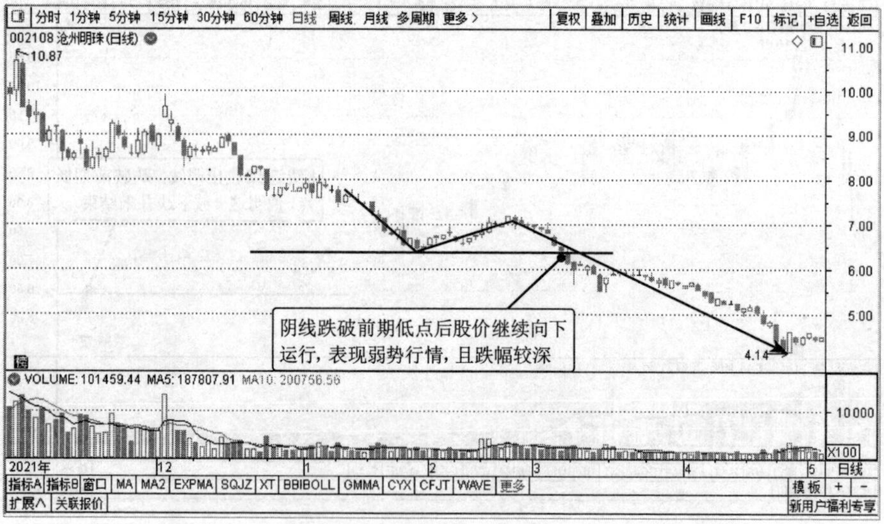

图3-21　沧州明珠2021年11月至2022年5月的K线图

从图3-21中可以看到，K线收出连续阴线有效跌破前期低点后，沧州明珠的股价继续下行表现之前的弱势行情，截至2022年4月，最低跌至4.14元。如果投资者在前期低点位置误入场内却不及时撤离，可能会遭受较大的经济损失。

No.08　阴线跌破技术形态

形态图解

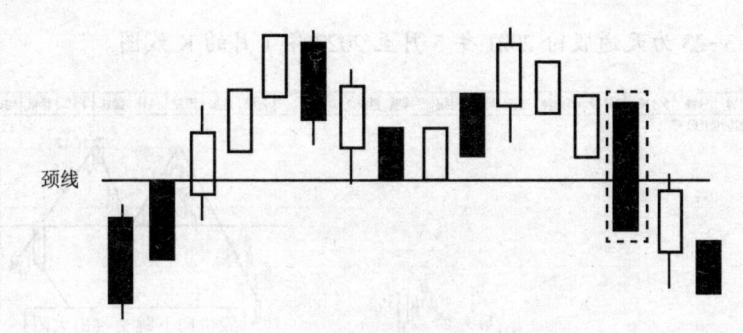

图 3-22　阴线跌破双重顶形态示意图

股价经过长时间的上涨，可能会形成一些具有特殊指示意义的技术形态，例如，双重顶形态、头肩顶形态、圆弧顶形态、三角形整理形态、楔形整理形态及旗形整理形态等。如果K线收出阴线并有效跌破这些技术形态，说明变盘来临，股价可能会沿着跌破的方向继续运行。

操盘法则

当顶部技术形态形成时，基本上可以判断顶部到来，投资者就可以锁定前期收益离场了。

以图 3-22 的双重顶形态为例，第一顶形成时可能还不能确定是顶部还是上涨途中的整理，但是当第二顶形成时，基本上可以判断为顶部了，投资者就可以在此位置离场。当K线收阴有效跌破双重顶形态的颈线时，双重顶形态完全形成，此时还未离场的投资者应尽快离场。

如果K线形成的是中继整理形态，例如，三角形整理形态，后市走势不明，投资者往往难以判断。但是一旦K线收阴跌破整理形态下边线，基本可以判断空头市场，投资者就可以离场了。

重点提示

很多时候K线收阴跌破技术形态后，短时间会回抽确认，此时往往是投资者最后的离场机会。

实盘解读

天通股份（600330）阴线跌破双重顶形态

图 3-23 为天通股份 2021 年 5 月至 2022 年 1 月的 K 线图。

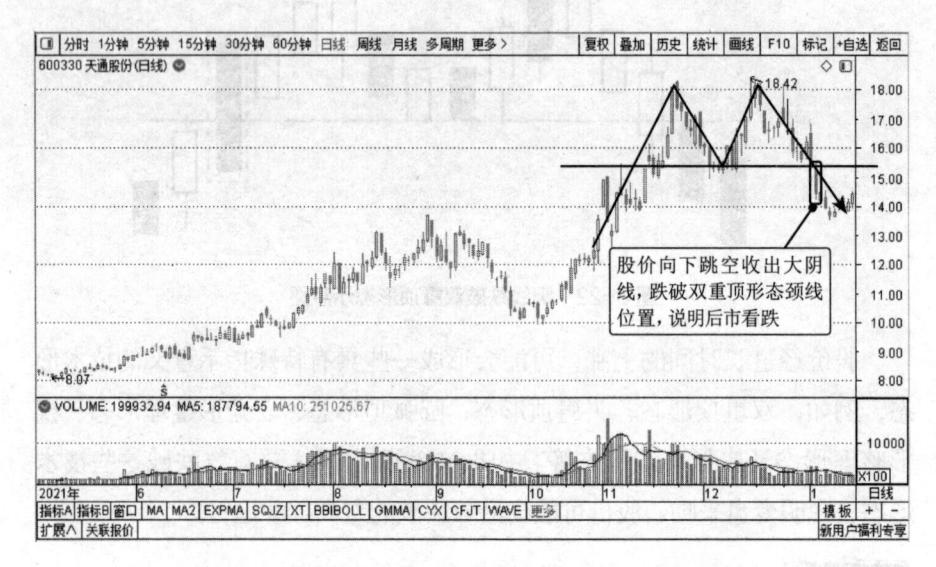

图 3-23　天通股份 2021 年 5 月至 2022 年 1 月的 K 线图

从图 3-23 中可以看到，2021 年 5 月初，天通股份的股价从 8.00 元价位线附近的相对低位处开始向上攀升，开启一轮上涨行情，股价不断向上波动运行。

2021 年 11 月中旬，股价上涨至 18.00 元价位线附近后止涨回落，此时距离起涨点 8.00 元的位置较远，涨幅约为 125%，可能存在见顶风险。股价回调至 15.50 元价位线附近后再次向上发起冲击，但上冲至前期高点 18.00 元位置又一次遇阻。两次冲高回落形成了双重顶形态的雏形，说明 18.00 元价位线上方存在较大压力，股价可能在此位置见顶回落，转入下跌行情之中，谨慎的投资者可以锁定前期收益及时离场。

随后股价继续下行，运行至前期低点 15.50 元价位线处，即双重顶颈线位置时，2022 年 1 月 5 日，K 线向下跳空收出一根大阴线，跌破颈线的同时将股价拉低至 14.00 元价位线附近。随着向下跳空大阴线对颈线的跌破，双重顶形态成立，天通股份的这一轮上涨行情结束，后市看跌，场内投资者应尽快离场。

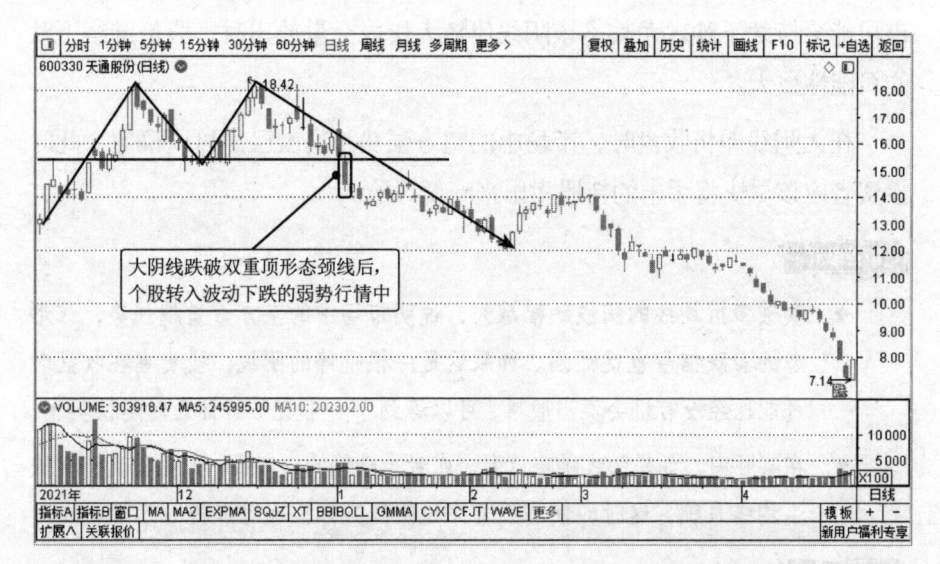

图 3-24 为天通股份 2021 年 11 月至 2022 年 4 月的 K 线图。

图 3-24　天通股份 2021 年 11 月至 2022 年 4 月的 K 线图

从图 3-24 中可以看到，K 线收出一根向下跳空大阴线跌破双重顶形态后，该股转入不断下跌运行的弱势行情之中，股价震荡向下，跌势沉重，跌幅较深。

No.09　阴线跌破均线系统

形态图解

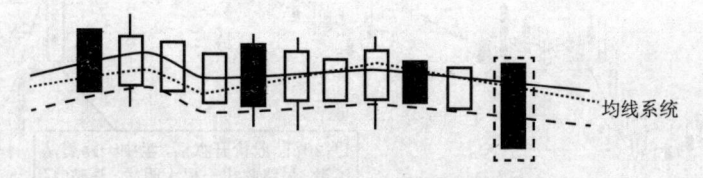

图 3-25　阴线跌破均线系统示意图

股价经过一番拉升后运行至相对高位区域止涨横盘，5 日均线、10 日均线和 20 日均线纠缠在一起横向运行，如果此时出现一根大阴线一举跌破这三根均线，就形成了阴线跌破均线系统形态。

操盘法则

K 线收出一根大阴线跌破均线系统，说明股价经过一段时间的横盘整理后，空头在博弈中占据优势胜出，是一种比较强烈的看空信号，个股后市可能会持续下跌。尤其是该阴线伴随大量成交量放出时，股价继续下跌的可能性更大。

在大阴线即将收盘时，市场中的空方强势状态就已经可以确定，此时投资者应该尽快将手中的持股卖出来降低风险。

重点提示

◆ 跌破多根均线的阴线跌幅越大，说明市场中的空方力量越强势，该形态的看跌信号也就更强。如果这是一根跌停的阴线，投资者在收盘时可能已经没有机会卖出股票，可以等到下一个交易日开盘时尽快卖出。

◆ 在实际中，如果阴线跳空低开，或者是跌停的一字线，开盘价直接跌破了均线系统，这时即使均线未穿过阴线实体，也可以视为形态成立。

实盘解读

东睦股份（600114）大阴线跌破均线系统分析

图 3-26 为东睦股份 2021 年 10 月至 2022 年 2 月的 K 线图。

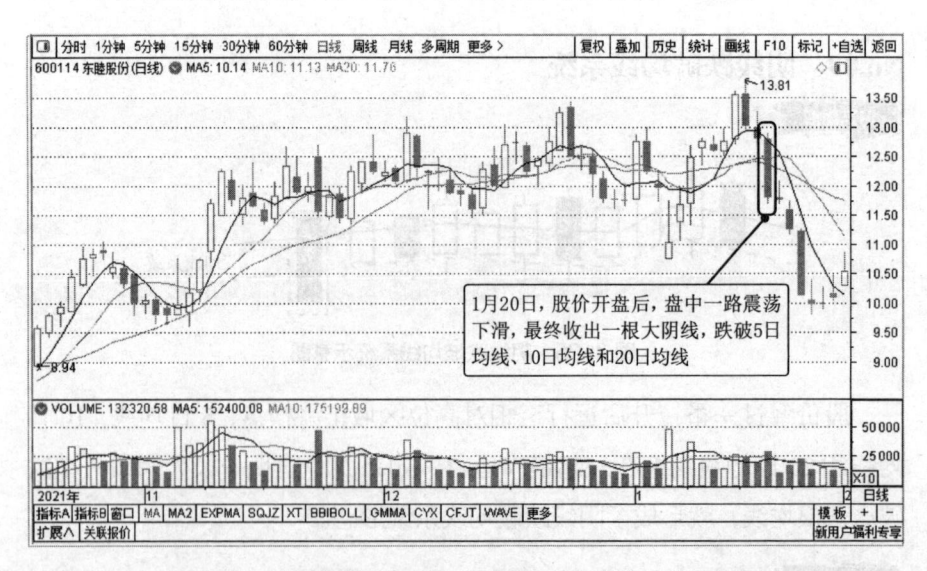

图 3-26 东睦股份 2021 年 10 月至 2022 年 2 月的 K 线图

从图 3-26 中可以看到，东睦股份的股价前期处于强势拉升行情之中，股价震荡上行，涨势稳定。2021年11月中旬，股价上涨至12.50元价位线附近后滞涨，随后不断在11.50元至13.00元进行横盘窄幅整理运行。

在股价横盘整理的过程中，5日均线、10日均线和20日均线逐渐靠拢黏合并横向运行，说明多空双方暂时达成一种平衡状态。2022年1月20日，股价开盘后快速下跌，直至收盘空头仍然占据绝对优势，最终K线以一根大阴线报收。

该大阴线的出现一举跌破5日均线、10日均线和20日均线，形成了一阴破多线的形态，说明市场上积攒了大量做空动能，这根跌破多根均线的大阴线就是做空动能集中爆发的标志，可见短期内该股可能将迎来一波快速下跌的弱势行情，此时场内的投资者应尽快离场。

图3-27为东睦股份2021年11月至2022年5月的K线图。

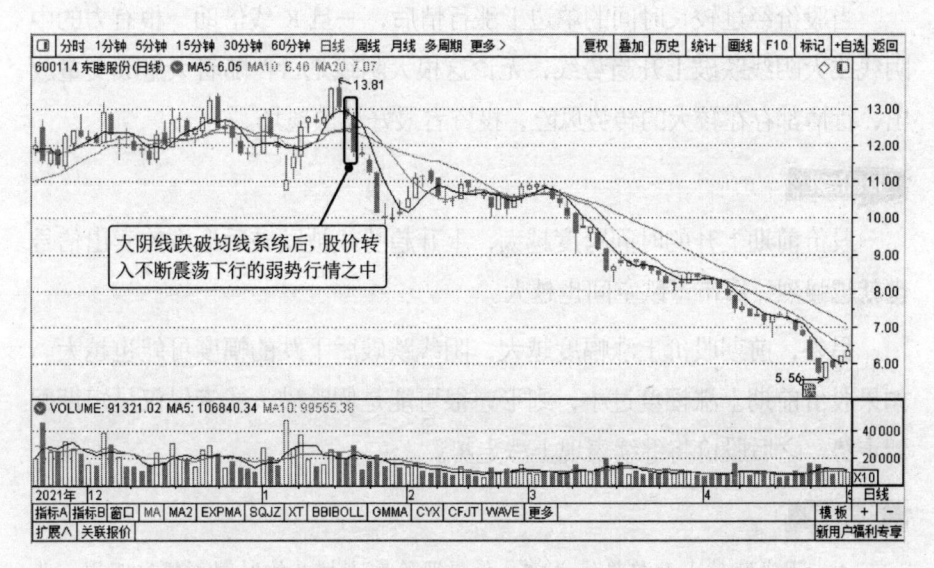

图3-27　东睦股份2021年11月至2022年5月的K线图

从图3-27中可以看到，大阴线跌破均线系统后，K线继续收出连续阴线，股价进一步下跌，随后东睦股份的股价转入一轮波动下行的弱势行情之中，股价震荡向下，截至2022年4月最低跌至5.56元。由此可见，大阴线跌破均线系统为相对可靠的转势信号。

No.10 阴线跌破上升趋势线

形态图解

上升趋势线

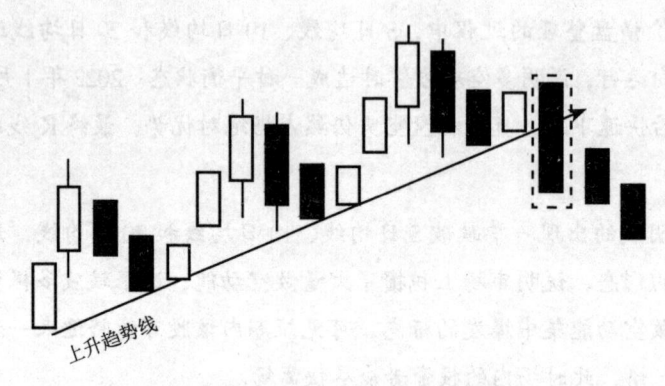

图 3-28 阴线跌破上升趋势线示意图

当股价经过较长时间的单边上涨行情后，一旦 K 线借助一根有力的中阴线或大阴线跌破上升趋势线，无论这根大阴线是否伴随着大量成交量放出，行情都存在较大的转势风险，投资者最好尽快离场。

操盘法则

股价前期上升的时间跨度越大，上升趋势线被跌破后形成的卖出信号也就越强烈，后市下跌空间也越大。

另外，前期股价上涨幅度越大，阴线跌破后下跌的幅度可能也越大。如果股价前期上涨幅度过小，则形态很可能是假跌破，或者仅仅是短期回调走势，之后股价将继续表现上涨走势。

重点提示

- 阴线跌破上升趋势线之前，如果股价向上拉升的时间不超过四周，此时的跌破可能是回调。但如果上升超过四周，那么这里的跌破则可能是见顶信号。

- 阴线跌破上升趋势线后，投资者应继续观察第二天、第三天的股价走势，如果股价继续向跌破方向发展，就是有效跌破，后市看跌，投资者应及时卖出。

> **实盘解读**

航天机电（600151）阴线跌破上升趋势线转势分析

图 3-29 为航天机电 2021 年 4 月至 2022 年 2 月的 K 线图。

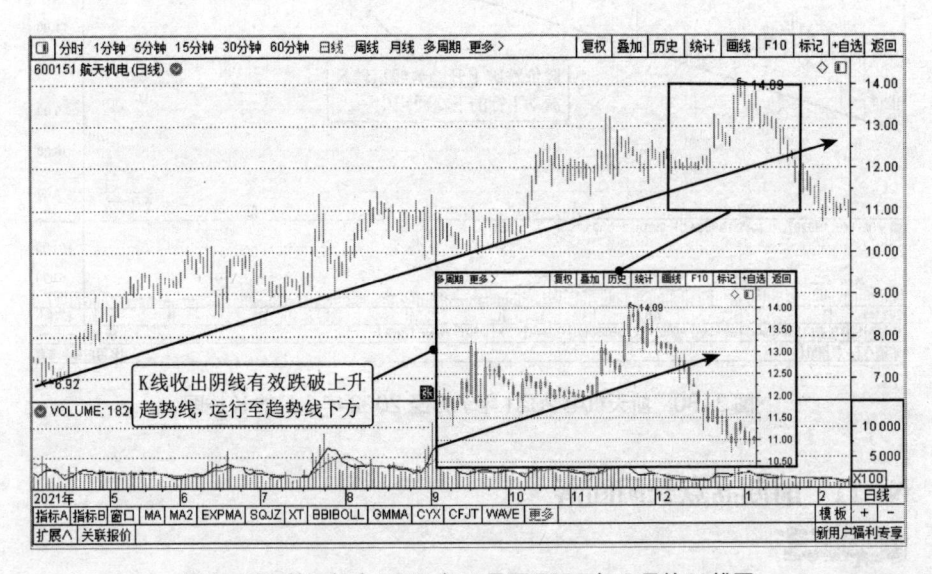

图 3-29　航天机电 2021 年 4 月至 2022 年 2 月的 K 线图

从图 3-29 中可以看到，航天机电的股价正处于强势拉升行情之中，连接波动运行时的低点，可以绘制出一条上升趋势线，发现股价在上升趋势线的支撑下涨势稳定。

2021 年 12 月底，股价上涨至 13.00 元价位线上方，在创出 14.09 元的新高后止涨回落。当股价下行至上升趋势线附近时，K 线收出阴线有效跌破上升趋势线，运行至上升趋势线的下方。

这说明该上升趋势线的支撑作用失效，该股可能见顶回落转入下跌趋势之中，场内的投资者应立即抛股离场。

图 3-30 为航天机电 2021 年 7 月至 2022 年 5 月的 K 线图。

从图 3-30 中可以看到，K 线收出阴线有效跌破上升趋势线后，航天机电转入不断下行的弱势行情中，股价震荡向下，跌势迅速，跌幅较大，证实了形态卖出信号的可靠性。

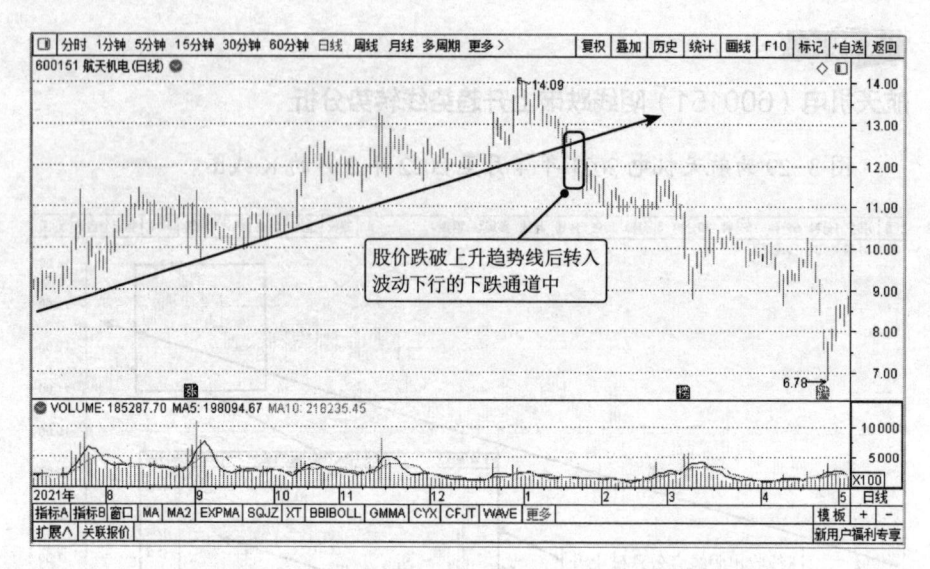

图 3-30 航天机电 2021 年 7 月至 2022 年 5 月的 K 线图

No.11 前期高点长阴回落

形态图解

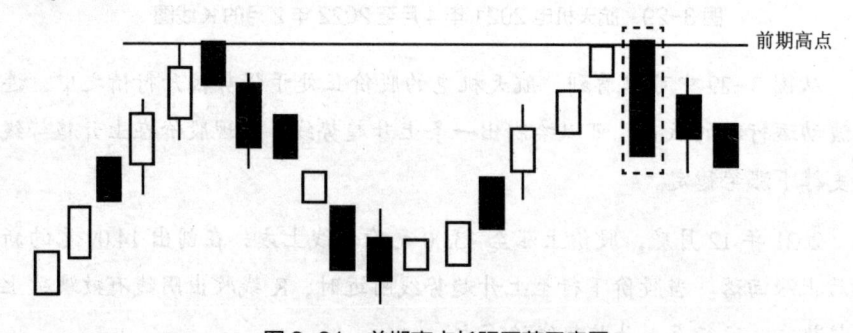

图 3-31 前期高点长阴回落示意图

股价的前期高点是重要压力位，一方面前期高点既是投资者的心理高点；另一方面也是技术高点。因此，当股价上涨至高点附近时，可能会出现一定的停滞，整理后或许会上涨，也可能会下跌，但如果此时 K 线收出长阴线回落，则说明股价大概率会下跌。

操盘法则

对于场内的投资者来说，当股价向上拉升接近前期高点附近时，可以减仓或清仓，锁定前期收益。一旦K线收长阴回落，就要立即离场。

对于场外的投资者来说，当股价运行至前期高点附近时，应耐心等待，如果股价放量突破前期高点，则投资者可以在有效突破后跟进。但如果股价运行至高点附近收出长阴回落，则不要贸然入场，以观望为佳。

重点提示

股价运行至前期高点附近时收出长阴回落，成交量并不一定伴随放大。

实盘解读

宁科生物（600165）前期高点处收长阴回落分析

图3-32为宁科生物2021年5月至2022年1月的K线图。

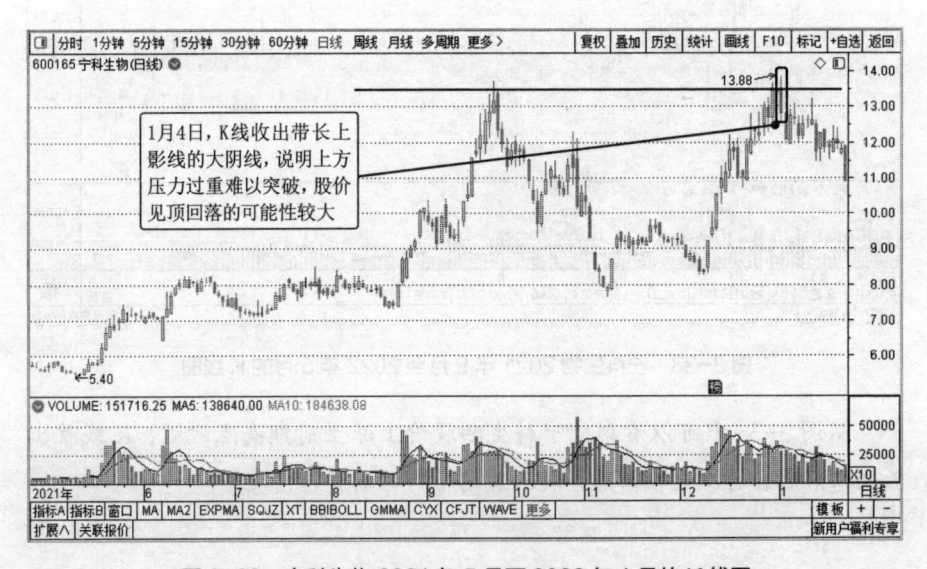

图3-32 宁科生物2021年5月至2022年1月的K线图

从图3-32中可以看到，宁科生物股价前期表现上涨行情，股价从6.00元下方的低位区域开始向上攀升，涨势稳定。经过一段时间的上涨后，在2021年9月中旬，股价上涨至13.00元价位线上方时见顶回落，形成阶段高点。

随后股价回落至8.00元价位线附近后止跌，小幅回升至9.00元价位线上后横盘整理运行。12月上旬，下方成交量突然放大，带动股价向上快速拉升，表现上涨。

当股价上涨至前期高点13.00元价位线附近时，涨势减缓，并在13.00元价位线上整理运行。2022年1月4日，股价高开低走，K线收出一根带长上影线的大阴线，将股价拉低至13.00元价位线下方，说明上方压力较重，难以突破，同时下方成交量没有放大支撑股价上涨，说明股价可能在此位置见顶回落。

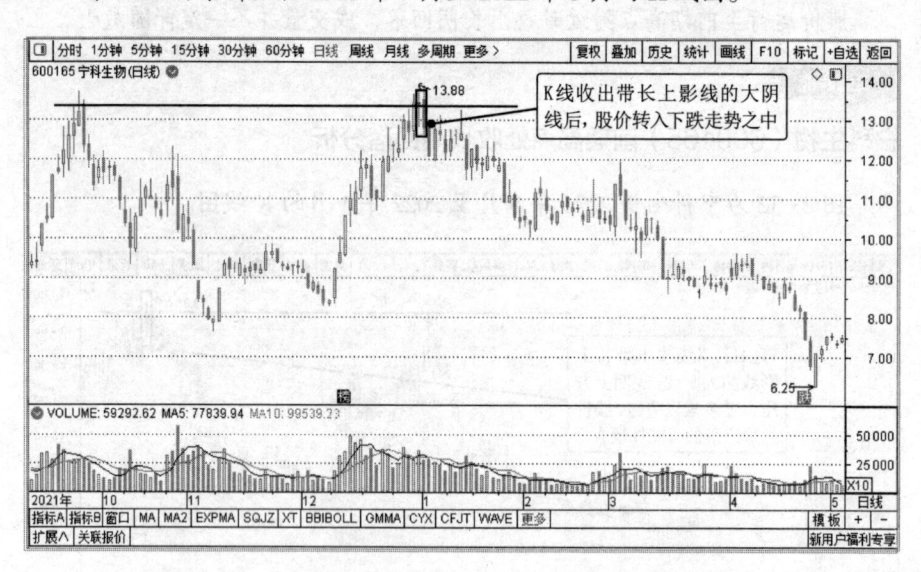

图3-33为宁科生物2021年9月至2022年5月的K线图。

图3-33　宁科生物2021年9月至2022年5月的K线图

从图3-33中可以看到，宁科生物股价上涨至前期高点附近，K线收出长阴回落后，再次见顶回落，转入震荡下行的弱势行情之中。

第四章

特殊阴线发出的市场信号

除了常见的大阴线、中阴线、小阴线、带影线的阴线之外，还有一些形态比较特殊的阴线，例如，十字阴线、一字阴线及⊥字阴线等，这些阴线出现在不同的位置同样具有不同的市场意义，投资者需要重点关注。

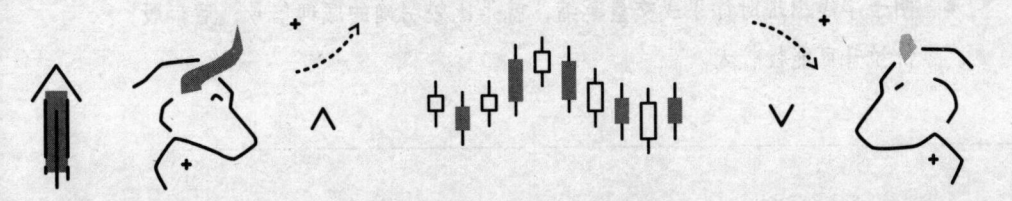

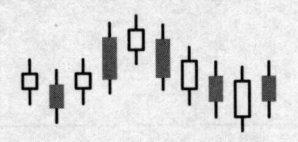

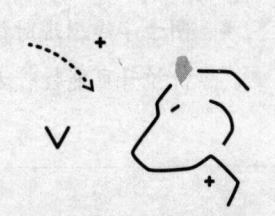

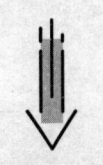

一、十字形态的阴线

在K线中,开盘价与收盘价之间的价差形成了K线实体,如果收盘价和开盘价处于同一价位线或者是相近价位线上,便会形成没有实体或实体较小的K线形态。如果这根K线带有上下影线,就形成了十字K线。

根据股价波动时的情况,可以将其划分为阴十字K线和阳十字K线。股价开盘后先上涨,后下跌,最后拉升至开盘价附近收盘,形成的十字线为阳十字K线;股价开盘后先下跌,后上涨,最后回落至开盘价附近收盘,形成的十字线为阴十字K线。这种K线走势通常表示多空双方力量形成了一种平衡,但是具体的市场信号还需要进一步结合十字线所处的位置来进行判断。

No.01 底部阴十字线

形态图解

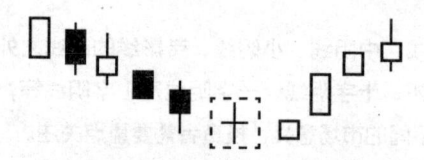

图4-1 底部阴十字线示意图

股价经过一轮下跌后,运行至底部区域,K线收出一根阴十字线,说明空方力量在逐渐衰退,而多方已经能够与空方抗衡,双方力量达到均衡,股价形成短期底部的可能性较大,行情可能出现拐点。

操盘法则

阴十字线出现在股价经过一轮下跌后的底部区域,有止跌反弹的意义。此时投资者可以从次日走势来对股价是否阶段见底进行判断,如果次日K线收阳上行,说明后市上涨的概率较大,可以跟进。

重点提示

◆ 阴十字线出现时如果成交量萎缩,就是比较明确的底部信号,后市股价拉升可能性较大。

◆ 投资者需要注意,底部阴十字线的出现只是一种预警信号,不能直接将其视为趋势转变的信号。只有在随后的几个交易日中,股价出现明显向上的走势,才可以确定下跌有结束的可能,此时是短线买入的时机。

实盘解读

华电国际(600027)股价底部阴十字线分析

图 4-2 为华电国际 2021 年 12 月至 2022 年 4 月的 K 线图。

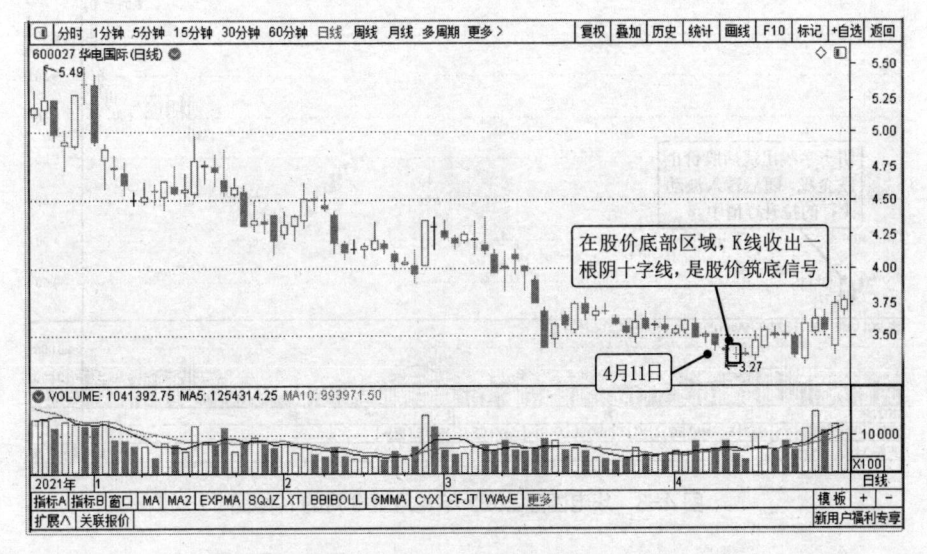

图 4-2 华电国际 2021 年 12 月至 2022 年 4 月的 K 线图

从图 4-2 中可以看到,华电国际的股价处于震荡下行的弱势行情之中,2022 年 3 月上旬,股价下行至 3.50 元价位线附近后跌势减缓,开始横盘整理运行。

4 月 11 日,股价平开低走收出一根阴线,进一步下跌至 3.50 元价位线下方。第二天,K 线收出一根带长下影线的阴线创出 3.27 元的新低。第三天,股价开盘后先是快速下行,然后盘中拉升,最后再次下跌至开盘价附近,以一根阴十字线报收。

阴十字线出现在股价经过一番下跌后的低位区域,结合前面的长下影线阴线，可以判断华电国际的这一波下跌行情见底，场内的空头动能释放完全，多头力量聚集，后市可能迎来一波新的上涨行情。

阴十字线出现后，K线继续收出一根小阴线，但是股价却没有继续下行，而是横盘运行。紧接着，K线开始收出连续阳线向上拉升股价，下方成交量配合放量，进一步确认阶段底部信号，此时投资者可以买进。

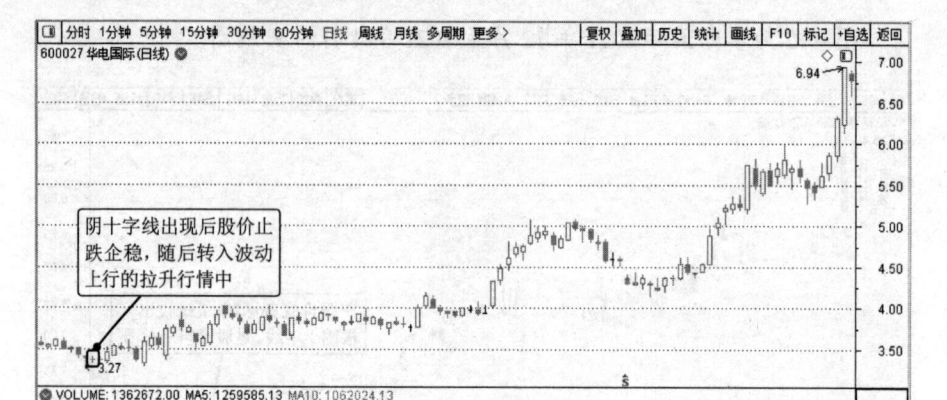

图4-3为华电国际2022年4月至9月的K线图。

图4-3 华电国际2022年4月至9月的K线图

从图4-3中可以看到，K线在股价底部区域收出阴十字线后，股价在3.30元价位线附近触底企稳，随后转入上涨行情之中。

No.02　上涨途中的阴十字线

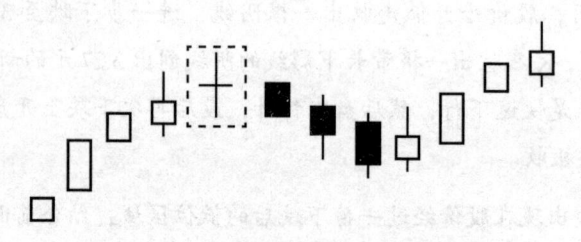

形态图解

图4-4　上涨途中的阴十字线示意图

股价处于不断向上波动运行的上升行情之中，K线收出阴十字线，大多时候代表上涨途中的整理，表示暂时休整，通常不会改变股票原有的上涨趋势。

操盘法则

如果阴十字线出现以前，股价以小阴小阳的形式稳步向上攀升且累计上涨幅度不大，则说明股价处于上涨初期，个股不会积累太多的短线获利盘，只要股价不出现加速拉升，即便止涨回调，幅度也不会太大，场内投资者可以继续持股。

如果股价前期出现了加速上涨且上涨幅度较大，则阴十字线形成后股价回落的可能性较大，投资者应以离场为佳。

重点提示

- 在整理过程中，成交量如果相比前几天出现了明显的萎缩，说明股价在停滞不前的情况下，盘中抛盘较少，投资者的持股信心比较坚定。
- 当股价回落到前期低点附近时，若有买盘介入，将股价强劲拉起，说明市场支撑力度比较强。
- 当股价再次放量拉升，且向上突破前期高点后，投资者可以入场。

实盘解读

远兴能源（000683）上涨途中阴十字线回调分析

图4-5为远兴能源2022年10月至12月的K线图。

从图4-5中的K线走势可以看到，前期股价经过一轮下跌后运行至6.50元价位线上止跌企稳，并横盘整理运行。

2022年11月上旬，股价经过短暂的横盘后下方成交量开始放大，推动股价向上震荡运行，远兴能源转入新一轮波动上行的强势拉升之中。

12月2日，股价以低价开盘后，盘中拉起，最后又回落至开盘价附近收盘，形成一根阴十字线。仔细观察可以发现，此时股价距离起涨点较近，行情还没有经过大涨，这一根阴十字线可以视为股价回调整理开始的信号，待回调结束后，股价将继续表现之前的上涨行情，场内投资者可以继续持有，场外投资者以观望为主。

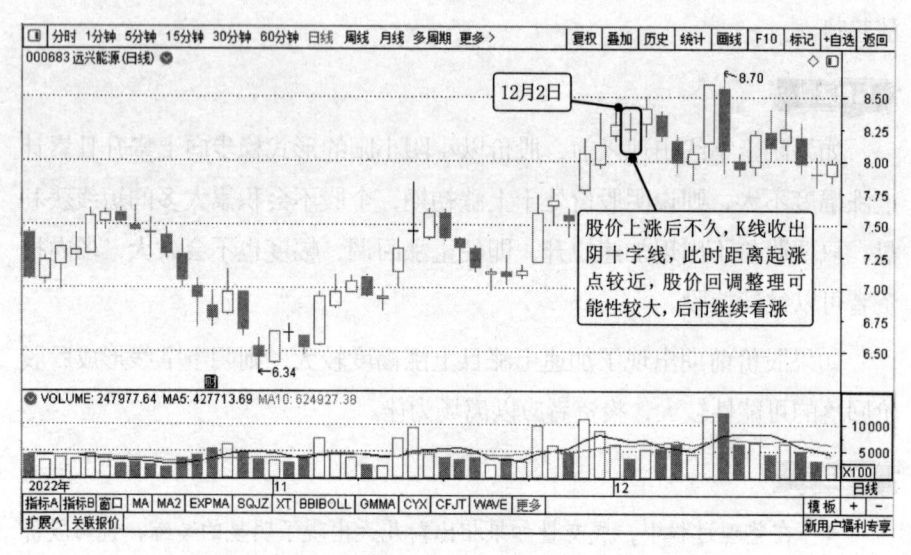

图 4-5 远兴能源 2022 年 10 月至 12 月的 K 线图

图 4-6 为远兴能源 2022 年 11 月至 2023 年 3 月的 K 线图。

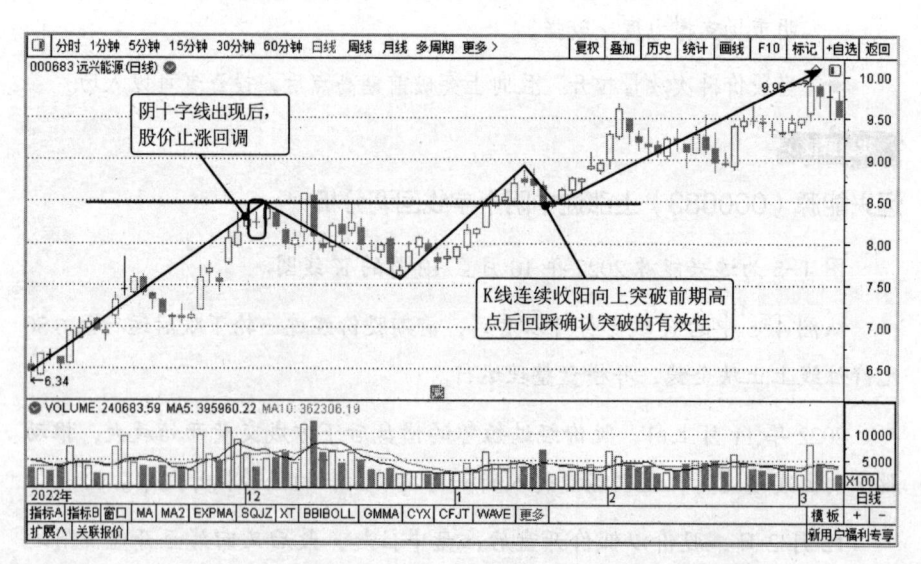

图 4-6 远兴能源 2022 年 11 月至 2023 年 3 月的 K 线图

从图 4-6 中可以看到，上涨途中 K 线收出一根阴十字线后，股价回调下跌。整理过程中，下方成交量相较于前几天表现出明显的缩量，说明场内的投资者普遍看好该股后市发展，抛售盘较少。

2022年12月中旬，股价下行至7.50元价位线附近后止跌横盘，随后K线连续拉出阳线，再次向上发起冲击。股价向上突破前期8.50元高点后，回踩确认了突破的有效性，说明新一波拉升在即，场外投资者此时可以买进，然后持股待涨。

No.03 高位顶部阴十字线

形态图解

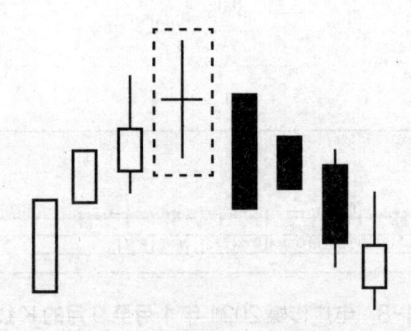

图 4-7 高位顶部阴十字线示意图

股价经过一番大幅上涨后，在高位区域收出一根阴十字线，说明股价上涨受阻，为见顶征兆，投资者应及时获利出局。

操盘法则

高位阴十字线出现说明场内做多动能不足，股票滞涨，是反转向下的信号，此时可以结合前后几天的K线走势进行分析。

如果阴十字线出现之前和当天，股价处在高位且上涨无力，成交量出现明显的放量，说明场内主力可能离场，是见顶信号。

如果阴十字线出现后，股价持续走弱，并有效跌破10日均线或20日均线的支撑，说明该股上涨趋势发生转变，投资者应立即离场。

如果阴十字线出现后，第二天K线收出大阳线，那么此时的高位阴十字线就是一个短暂整理，后市继续看涨。

实盘解读

电广传媒（000917）高位阴十字线分析

图 4-8 为电广传媒 2021 年 1 月至 9 月的 K 线图。

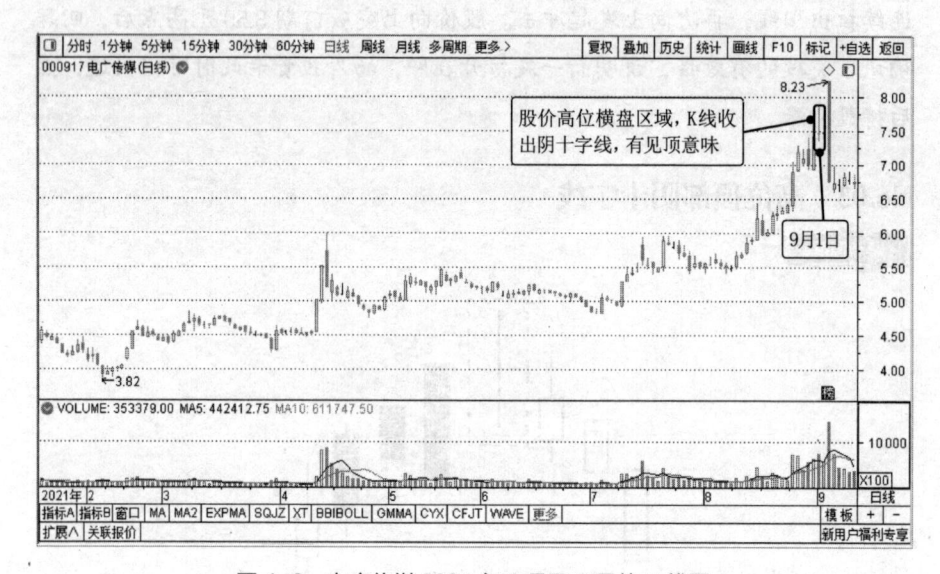

图 4-8　电广传媒 2021 年 1 月至 9 月的 K 线图

从图 4-8 中可以看到，2021 年 2 月初，股价从 4.00 元价位线下方的低位区域向上波动运行，开启一波上涨行情。经过一段时间的拉升后，2021 年 8 月下旬，股价运行至 7.00 元价位线附近止涨横盘，此时盘中堆积了大量的获利盘，正在高位获利回吐。

9 月 1 日，K 线收出一根阴十字线，说明股价上涨压力较重，有见顶意味，此时场内的投资者应注意回避。

第二天，K 线虽然收出一根小阳线，但股价却并没上扬，而是继续在前一日的收盘价附近横盘。

第三天，股价以涨停高开后单边下行，快速下挫，最后 K 线收出一根带巨量的跌停大阴线，将股价拉低至 6.75 元附近。此时顶部基本已经确认形成，持股投资者应尽快离场，规避即将到来的下跌行情。

图 4-9 所示为电广传媒 2021 年 8 月至 2022 年 3 月的 K 线图。

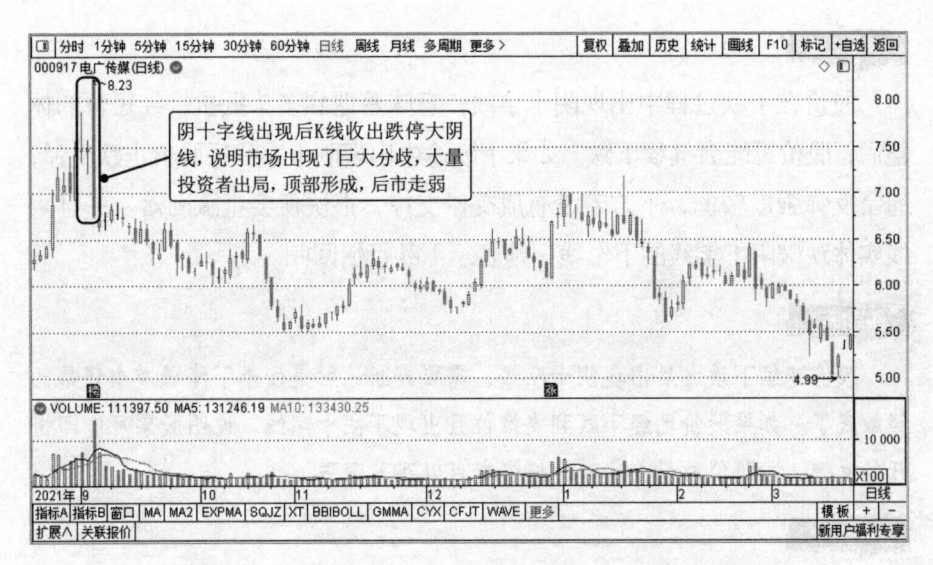

图 4-9　电广传媒 2021 年 8 月至 2022 年 3 月的 K 线图

从图 4-9 中可以看到，跌停大阴线出现后股价见顶，随后转入波动下行的弱势行情中，虽然途中出现反弹，但力度并不大，没有改变下跌的趋势。

No.04　下跌途中的阴十字线

形态图解

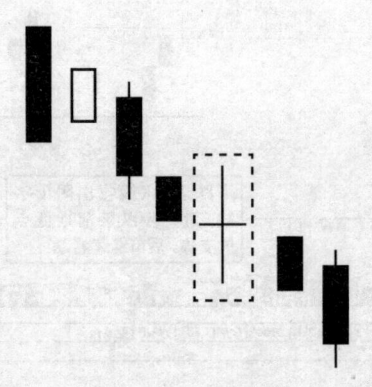

图 4-10　下跌途中的阴十字线示意图

在股价不断下跌的弱势走势中收出的阴十字线，通常是助跌信号，见到此信号股价继续下跌的可能性较大。

操盘法则

股价在下跌过程中出现阴十字线，意味着遇到多头抵抗，经短暂的休整后，股价可能会继续下跌。如果下跌途中出现阴十字线后股价止跌反弹，通常反弹强度较弱，下方若没有成交量支撑，很快便会止涨回落。一旦阴线实体跌破阴十字线的下影线，则表示下跌行情回归。

重点提示

股价连续下跌之后出现阴十字线，需要判断该股是处于下降通道中还是已经触底了。如果股价已经下跌到支撑位且出现了阴十字线，说明股票可能即将开始反弹，当股价放量上涨时，投资者可以买入跟进。

实盘解读

东方盛虹（000301）股价下行过程中阴十字线分析

图 4-11 为东方盛虹 2022 年 7 月至 9 月的 K 线图。

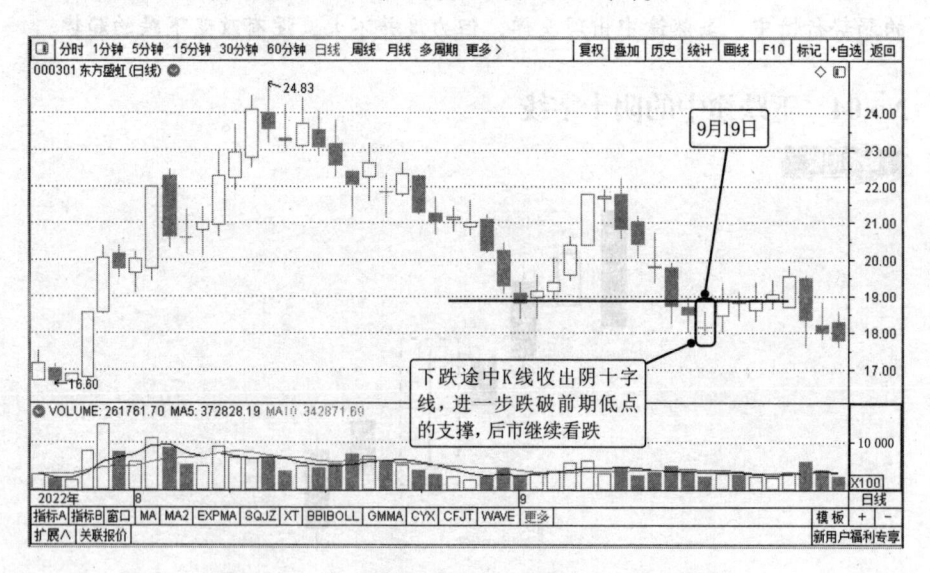

图 4-11　东方盛虹 2022 年 7 月至 9 月的 K 线图

从图 4-11 中可以看到，东方盛虹股价经过一番拉升后上涨至 24.00 元价位线上方，创出 24.83 元的新高后止涨回落形成阶段性顶点，随后转入波动下行的弱势行情中。

2022年9月19日，股价下行至18.00元价位线附近跌势减缓，K线收出一根阴十字线。而在阴十字线出现的前一天，股价向下低走收出一根阴线，击穿了前期低点，强化了跌破的信号。

阴十字线出现后的几天里虽然股价止跌企稳，且K线连续收阳有小幅回升迹象，但是下方成交量并未放大，无量上涨的涨势难以维持，说明此时的上涨大概率是下跌途中的弱势反弹。因此，这根阴十字线不是见底信号，而是下跌中继调整形态，投资者应尽快离场观望。

图4-12为东方盛虹2022年8月至11月的K线图。

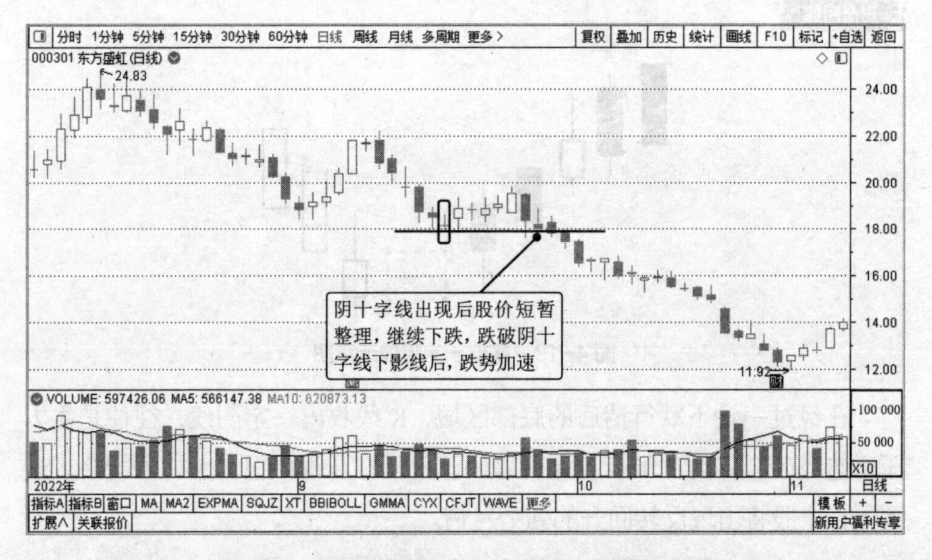

图4-12　东方盛虹2022年8月至11月的K线图

从图4-12中可以看到，阴十字线出现后股价在该价位线附近横向整理了几个交易日便再次收阴下跌，当阴线实体跌破阴十字线下影线后，下跌速度加快，跌势猛烈。

二、一字形态的阴线

在K线走势中，投资者常常会看到一种特殊形态的K线，即"一"字

K线，它指的是个股的开盘价、收盘价、最高价、最低价四个价位完全相等，且整个交易日都处于该价位。

一字K线是一种极端走势，具有特殊且重要的市场意义。一字K线可以分为一字阳线和一字阴线，股价一开盘即涨停，且全天封于涨停板位置的是一字阳线；股价一开盘即跌停，且全天封于跌停板位置的是一字阴线。本节主要介绍一字阴线。

No.05 底部一字阴线

形态图解

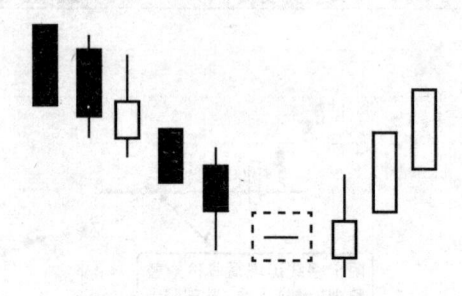

图4-13 底部一字阴线示意图

在经过一轮下跌行情后的底部区域，K线收出一字阴线，往往是主力压价造成的，目的在于吸收廉价筹码，一旦打开跌停板，主力可能会大量买入，个股将出现反转回升的强势行情。

操盘法则

如果一字阴线出现在股价大幅下跌后的底部区域，个股累计跌幅超过50%，说明场内空头动能消耗过大，该股可能迎来反弹或反转上升行情。

投资者遇到低位一字阴线时不要轻易杀跌，应耐心等待，如果在接下来的走势中股价持续弱势下跌，且下跌动力明显减弱，就可以待股价企稳时逢低买入。

重点提示

当股价经过一番下跌后收出一字阴线，投资者可以结合股价的累计下跌幅度来判断当前是否到达底部，也可以观察下方成交量，看是否表现极度萎缩。

实盘解读

东晶电子（002199）下跌底部区域一字阴线分析

图4-14为东晶电子2021年11月至2022年5月的K线图。

图4-14 东晶电子2021年11月至2022年5月的K线图

从图4-14中可以看到，东晶电子股价处于弱势行情之中。经过一番下跌后，2022年2月初，股价运行至7.00元价位线附近跌势减缓，并在7.00元至7.50元进行横盘窄幅波动运行。

2022年4月初，股价向下跌破7.00元价位线后继续下行，4月22日，股价高开后，盘中单边下跌，K线收出一根带巨量的大阴线。第二天，K线收出一字跌停阴线，股价跌至6.00元价位线下方。

东晶电子在前期股价缓慢下跌的过程中，成交量表现极度低迷，说明盘中浮动筹码所剩无几。在低位收出的一字阴线，表明股价随时有见底回升的可能。一字阴线出现后，K线连续收出阳线，形成拉升上涨走势，投资者此时可以买入建仓。

图4-15为东晶电子2022年4月至8月的K线图。

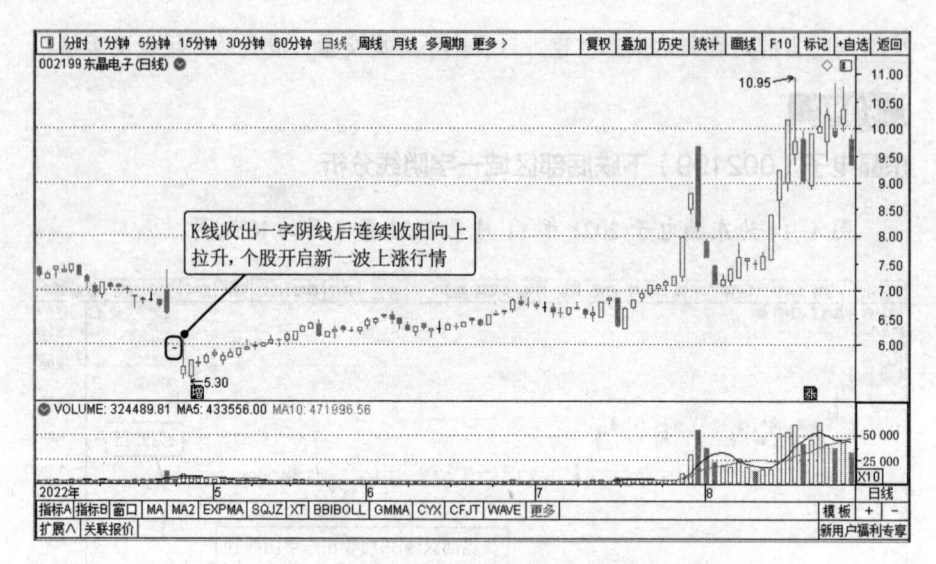

图 4-15 东晶电子 2022 年 4 月至 8 月的 K 线图

从图 4-15 中可以看到，K 线收出一字跌停阴线后不久，股价止跌回升，迎来一波反弹拉升行情，股价波动上行，截至 2022 年 8 月，股价最高上涨至 10.95 元，累计涨幅较大。

No.06 下跌途中的一字阴线

形态图解

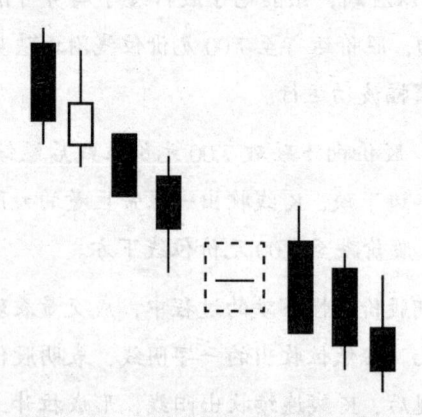

图 4-16 下跌途中的一字阴线示意图

第四章 特殊阴线发出的市场信号

在股价下行过程中出现的一字阴线，通常是下跌的中继信号，对后市起到助跌作用，投资者应及时减仓或退出。

操盘法则

股价下跌过程中出现的一字阴线往往有两种技术含义：一是股价继续并加速下跌的信号；二是反弹结束，股价延续之前下跌走势的信号。无论哪一种，投资者都应该及时规避。

重点提示

◆ 一字阴线出现时，股价从大幅上涨中转势向下不久，累计下跌幅度并不大，后市下跌空间较大。

◆ 在股价下跌过程中，成交量保持在一个较高的水平，显示做空动能没有释放完毕，后市股价仍有下跌的可能。

实盘解读

航天动力（600343）下行过程中一字阴线分析

图4-17为航天动力2022年4月至8月的K线图。

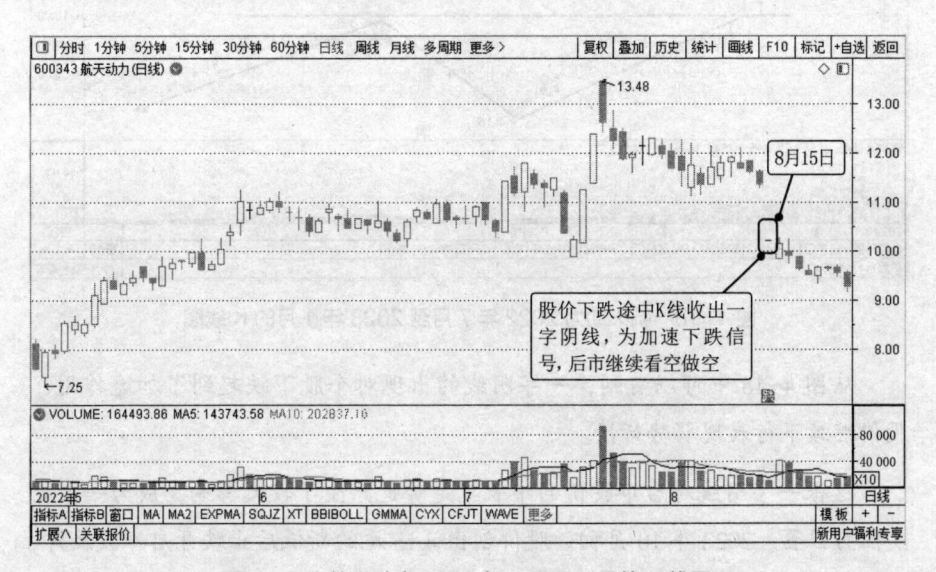

图4-17 航天动力2022年4月至8月的K线图

从图 4-17 中可以看到，航天动力前期股价表现上涨行情，经过一番拉升后运行至 13.00 元价位线上方，创出 13.48 元的高价后见顶回落，个股转入下跌趋势中。

在股价不断下行的过程中，8 月 15 日，K 线收出一根一字阴线，说明场内空头占据绝对优势，气势非常强盛，下跌力度较大。从下跌幅度来看，股价从 13.48 元跌至 10.00 元价位线附近，跌幅累计约 25.8%，说明个股可能还存在下跌空间，目前距离底部还有一段距离。

一字阴线出现之后的几天里，股价没有任何止跌企稳迹象，说明此时的一字阴线为助跌信号，场内投资者应及时离场。

图 4-18 为航天动力 2022 年 7 月至 2023 年 1 月的 K 线图。

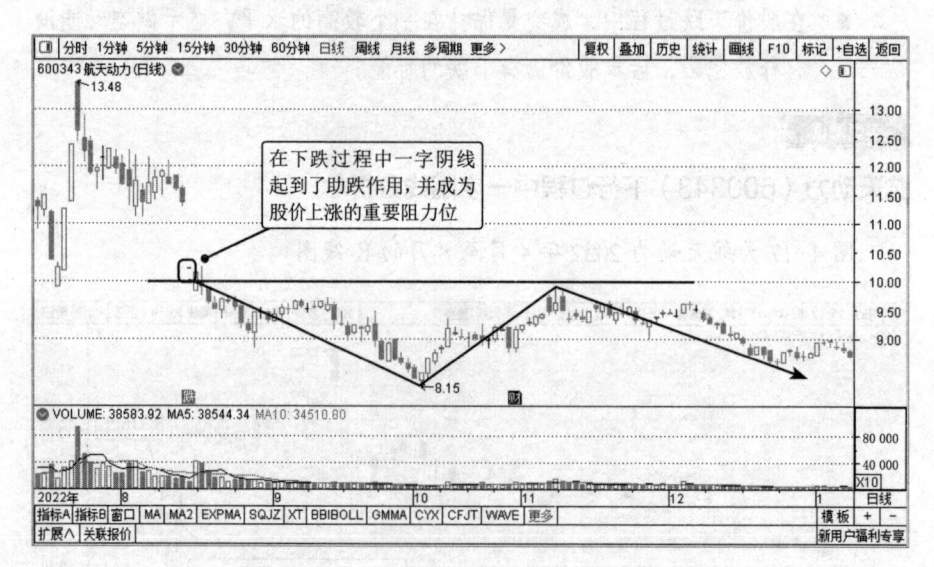

图 4-18　航天动力 2022 年 7 月至 2023 年 1 月的 K 线图

从图 4-18 中可以看到，一字阴线的出现对个股下跌起到了加速作用，股价继续下行表现弱势行情。

这根一字阴线对后市股价的中长期走势也产生了较大影响，成为一个重要阻力位置。2022 年 10 月初，股价创出 8.15 元的新低后止跌开启一波反弹，上涨至一字阴线附近时受阻回落，再次步入回调走势。

No.07　高位的一字阴线

形态图解

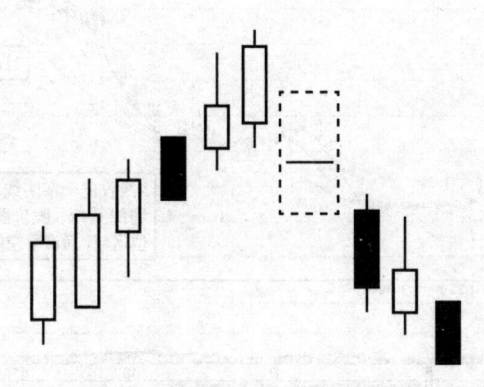

图 4-19　高位区域的一字阴线示意图

在股价经过一轮大幅拉升后的高位区域，K线收出一字阴线，是一种明显的看跌信号，投资者看到此信号应快速离场。

操盘法则

投资者遇到高位区域一字阴线发出转势信号时，首先，应注意一字阴线出现之前个股是否已经经过一番大幅拉升，且累计涨幅较大，能够让股价处于相对高位。其次，一字阴线若能向下跌破 10 日均线和 20 日均线，就可以确认市场转势走弱。一字阴线出现后的几天里，如果股价继续走弱，收出大阴线或留下向下跳空缺口，可进一步确认形态的有效性，此时投资者要坚决离场。

重点提示

投资者在实际投资中需要注意仔细查看成交量，股价在高位区域形成一字阴线之前，若成交量放量，可能是主力出货的手段，需要引起警惕。当一字跌停阴线出现，投资者需要立即离场。

实盘解读

国发股份（600538）高位区域一字阴线分析

图 4-20 为国发股份 2021 年 6 月至 12 月的 K 线图。

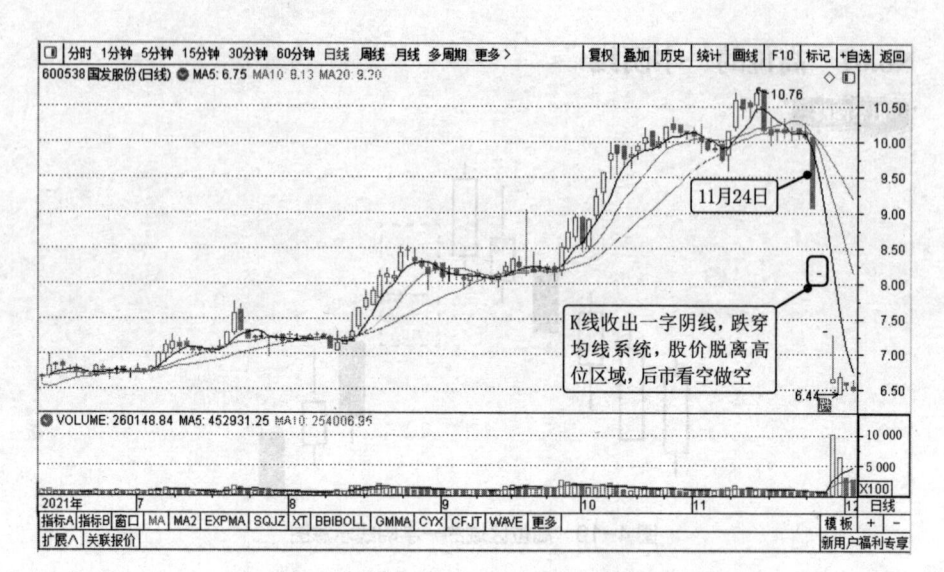

图 4-20 国发股份 2021 年 6 月至 12 月的 K 线图

从图 4-20 中可以看到，前期该股处于多头市场，股价逐浪上升，涨势强劲。仔细观察可以发现，个股上涨走势呈现阶梯式拉升，股价上涨至某一价位线后滞涨横盘整理一段，随后再次向上拉升，如此反复。

2021 年 10 月上旬，股价上涨至 10.00 元价位线附近后再次滞涨横盘整理，很多持股投资者认为此时的横盘和前期的横盘走势一样，都是为了后市更好地拉升而做的调整，事实真的如此吗？

仔细观察可以发现，股价目前距离起涨点较远，累计涨幅较大，盘中堆积了大量等待兑现的获利筹码。11 月 24 日，股价高开低走，K 线收出一根跌停大阴线，直接击穿均线，说明头部形成，国发股份的这一番上涨行情结束，后市即将转入快速下行的通道中。

第二天 K 线直接收出一字阴线，将股价拉低至 8.15 元价位线附近。一字阴线的出现确认了股价转势信号的准确性，此时前期还未离场的投资者应尽快离场。

图 4-21 为国发股份 2021 年 11 月至 2022 年 4 月的 K 线图。

从图 4-21 中可以看到，K 线后续连续收出两根一字阴线，使得股价直线下跌脱离顶部高位区域，下跌速度又急又猛。在一字阴线出现后，该股继

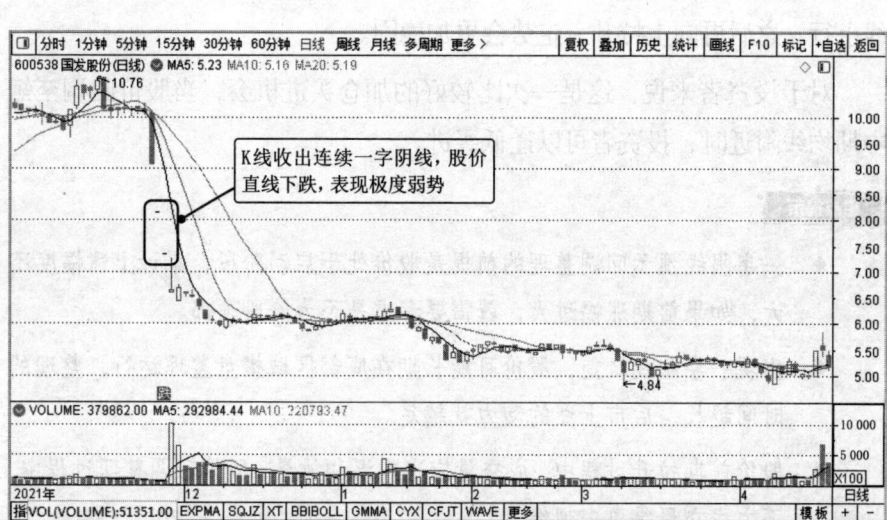

续下行，市场处于极度弱势之中。

图 4-21 国发股份 2021 年 11 月至 2022 年 4 月的 K 线图

No.08 上涨途中一字阴线

形态图解

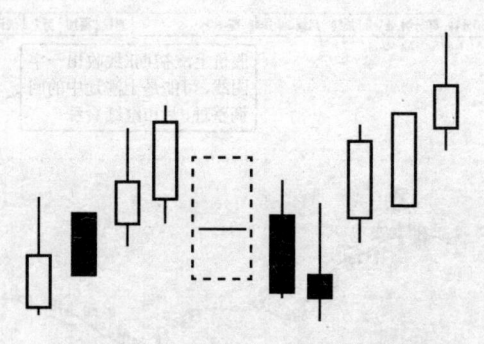

图 4-22 上涨途中的一字阴线示意图

在股价波动上行的途中，K 线收出一字阴线一般是拉升过程中的整理，可能是受某种利空消息影响导致的短期回落，但通常不会改变股价的上行趋势，后市继续看涨。

操盘法则

一字阴线回调形态的出现往往是因为股价短期拉升速度过快，使得短中期均线未能及时跟上,市场以一字阴线的方式回调整理,等待短中期均线上行,之后再向上拉升,走势会更加稳固。

对于投资者来说,这是一次比较好的加仓买进机会,当股价回调至短中期均线附近时,投资者可以逢低买进。

重点提示

- 一字阴线预示回调整理的前提是股价处于启动阶段,累计上涨幅度不大,如果前期涨幅过大,就需要考虑是否为阶段顶部。
- 出现一字阴线之前,股价可能长期在底部区域横盘整理运行,整理的时间越长,后市上涨的动力就越足。
- 股价前期拉升过程中,成交量应出现温和放量,股价回调整理过程中,下方成交量需要表现缩量。

实盘解读

丹化科技(600844)上涨初期一字阴线回调分析

图4-23为丹化科技2020年7月至12月的K线图。

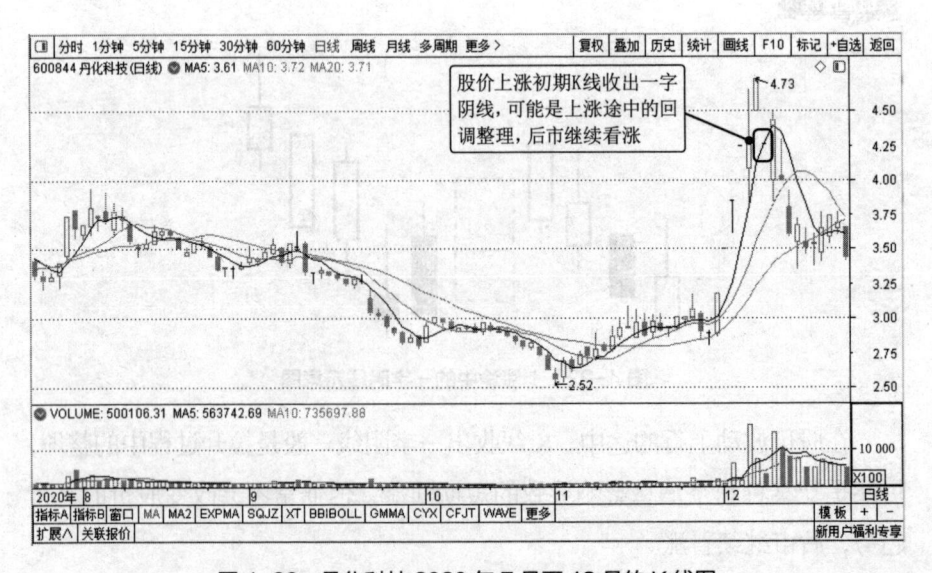

图4-23 丹化科技2020年7月至12月的K线图

从图4-23中可以看到,丹化科技前期股价处于逐浪下行的弱势行情中，跌至 2.50 元价位线附近后止跌企稳，小幅回升后横盘运行。

2021 年 12 月，下方成交量突然放大，K 线连续拉出多个涨停，短短几个交易日的时间便将股价拉升至 4.50 元价位线上方并创出 4.73 元的新高，第二天股价却以跌停开盘，K 线收出一根一字阴线。仔细观察可以发现，此时距离起涨点较近，所以，见顶的可能性较小，应该是上涨途中的回调整理。

进一步查看均线发现，前期股价拉升过快，短中期均线还未及时跟上，所以，此时的一字阴线有可能是为了等待短中期均线而做的调整，只要股价未跌破短中期均线，就可以继续看多做多。

图 4-24 为丹化科技 2020 年 9 月至 2021 年 2 月的 K 线图。

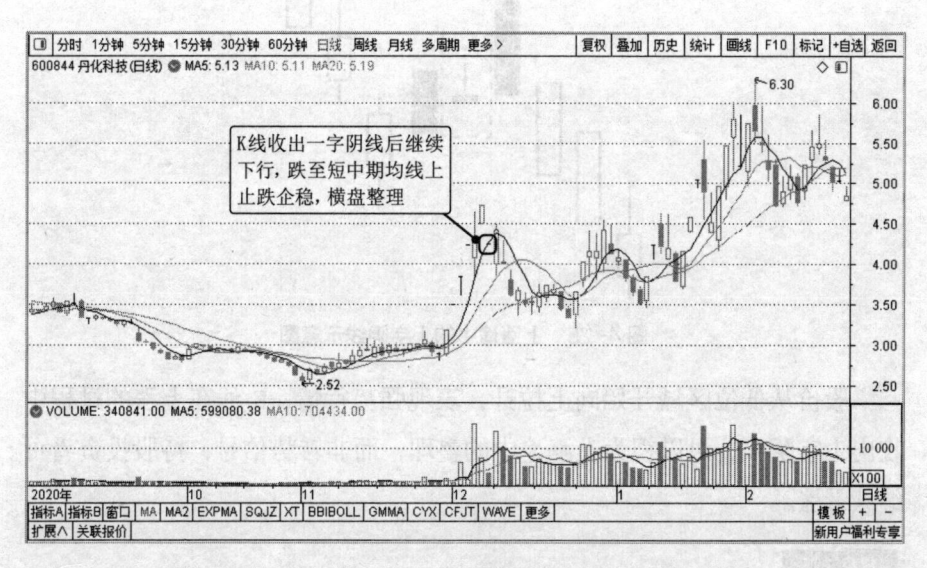

图 4-24　丹化科技 2020 年 9 月至 2021 年 2 月的 K 线图

从图 4-24 中可以看到，K 线收出一字阴线后继续下行，跌至短中期均线上时止跌企稳，在 3.50 元价位线上横盘整理一段后再次走强，继续上涨。

三、⊥字形态阴线

⊥字阴线是一种比较特殊的阴线形态，它的开盘价与收盘价接近，收盘价和最低价相同，形成了实体非常小同时带有上影线的阴线（一般没有下影线，如果有也很短），表示卖方实力胜于买方，一般是强烈下跌的信号。

但是，当⊥字阴线出现在市场中的不同位置时，往往具有不同的市场意义，投资者需要结合实际情况来具体分析。

No.09　上涨途中的⊥字阴线

形态图解

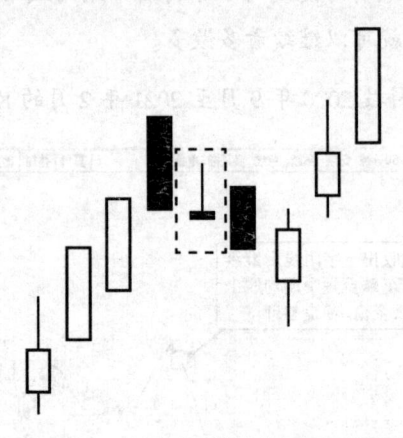

图 4-25　上涨途中的⊥字阴线示意图

股价从低位区域开始向上拉升，表现强势行情，K 线在上涨的过程中收出⊥字阴线，可以视为上涨途中的整理，而非转势信号，持股投资者可继续看涨。

操盘法则

投资者在实际投资中遇到上涨途中的⊥字阴线时，需要注意以下几点。

① ⊥字阴线出现之前股价上涨行情已经启动，脱离底部盘整区域，市场处于多头强势走势中。

② ⊥字阴线出现之前，股价短期上涨明显，动力十足，并向上突破到了短期均线和中期均线上方。由于前期上涨过快，股价需要回调整理。

③ ⊥字阴线出现后，股价回调整理，若下方成交量并未有效放大，则说明场内大多数投资者仍然看好后市走向。

实盘解读

双环科技（000707）股价上涨回调⊥字阴线分析

图 4-26 为双环科技 2021 年 2 月至 8 月的 K 线图。

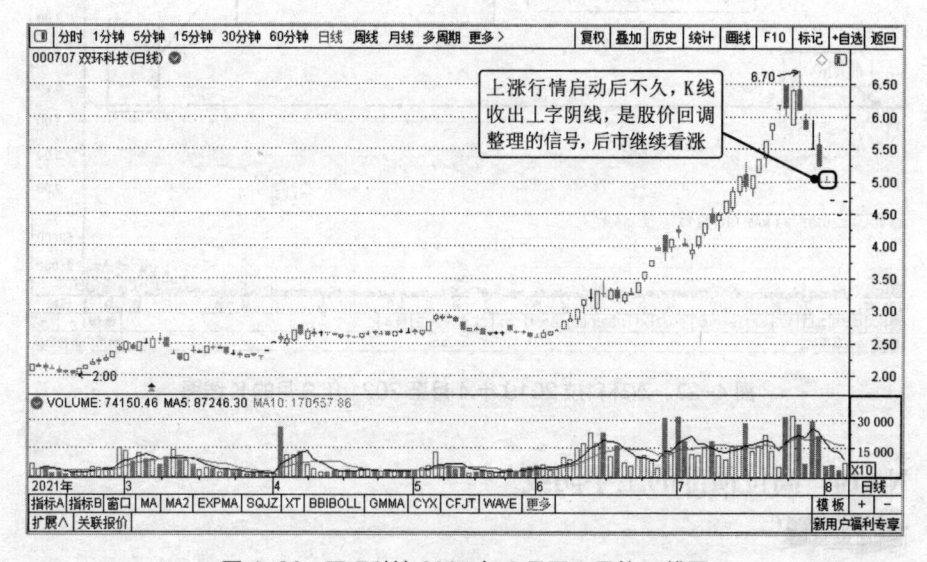

图中标注：上涨行情启动后不久，K 线收出⊥字阴线，是股价回调整理的信号，后市继续看涨

图 4-26　双环科技 2021 年 2 月至 8 月的 K 线图

从图 4-26 中可以看到，双环科技股价经过一轮下跌行情后运行至 2.00 元价位线附近的低位区域，随后长期在低位区域横盘窄幅波动。2021 年 6 月上旬，下方成交量明显放大，带动股价快速向上拉升，表现强势上涨行情。

K 线连续收出阳线，股价迅速离开低位区域。7 月下旬，股价上涨至 6.50 元价位线上方，创出 6.70 元的新高后止涨回落，在下行的过程中收出⊥字阴线。仔细观察股价走势可以发现，此时距离起涨点较近，累计涨幅并不大，可以判断此时可能是上涨途中的回调整理，该股的上涨趋势并未发生改变，后市继续看涨。

图 4-27 为双环科技 2019 年 4 月至 2021 年 9 月的 K 线图。

从图 4-27 中可以看到，⊥字阴线出现后股价继续下行，K 线连续两天收出一字阴线，股价跌至前期高点附近止跌企稳，随后 K 线连续收出一字阳线向上快速拉升，继续表现之前的强势拉升行情。

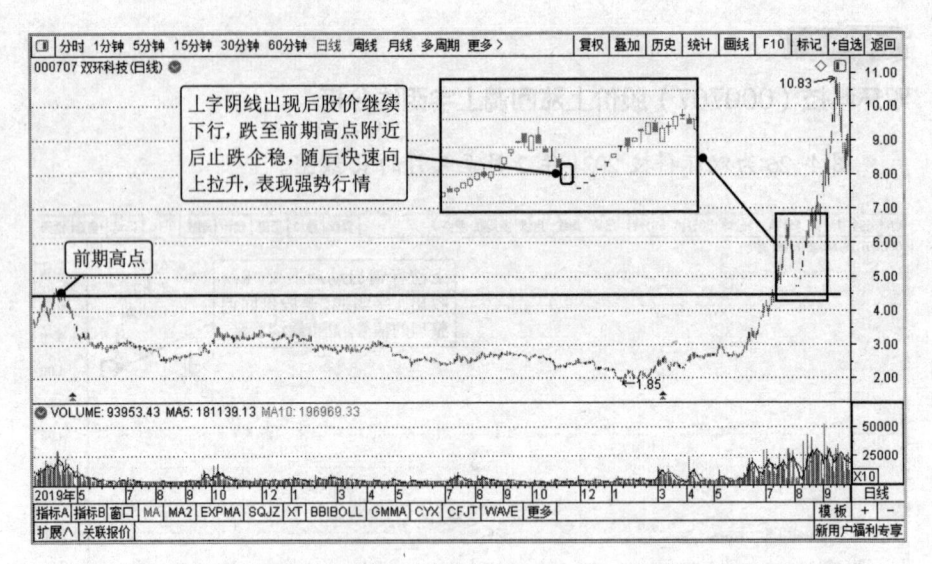

图 4-27 双环科技 2019 年 4 月至 2021 年 9 月的 K 线图

No.10 高位顶部的⊥字阴线

形态图解

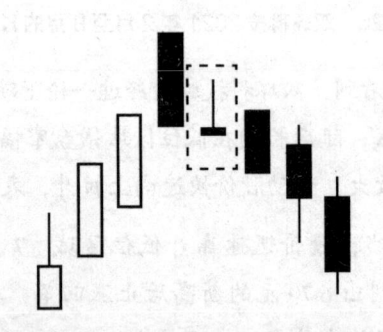

图 4-28 高位顶部区域的⊥字阴线示意图

个股在经过一番上涨，尤其是急速爆发式上涨后来到高位区域时，K 线收出⊥字阴线，往往是转势下跌的信号，投资者需要警惕。

操盘法则

股价在经过一番大幅拉升后，场内聚集了较多等待变现的获利盘，随时可能出现获利回吐。⊥字阴线的出现，说明买盘力量减弱，股价上攻遭遇挫折，容易持续走弱，此时投资者应获利出局，锁定前期收益。

投资者在相对高位区域发现⊥字阴线时，可以借助前期涨幅情况来判断⊥字阴线是上涨途中的调整，还是见顶信号。如果上涨幅度很大，⊥字阴线是主力出货手段的概率更大；如果处于上涨启动状态，或是股价涨幅较小，则后续进入回调整理的可能性更大。

另外，若⊥字阴线出现后K线继续下行，则进一步确定转势信号，投资者最好立即离场；如果⊥字阴线出现后，股价有止跌回升迹象，则可继续观望，只要股价不跌破10日均线或20日均线，投资者就可继续持股。

实盘解读

岳阳兴长（000819）股价高位⊥字阴线分析

图4-29为岳阳兴长2021年9月至2022年1月的K线图。

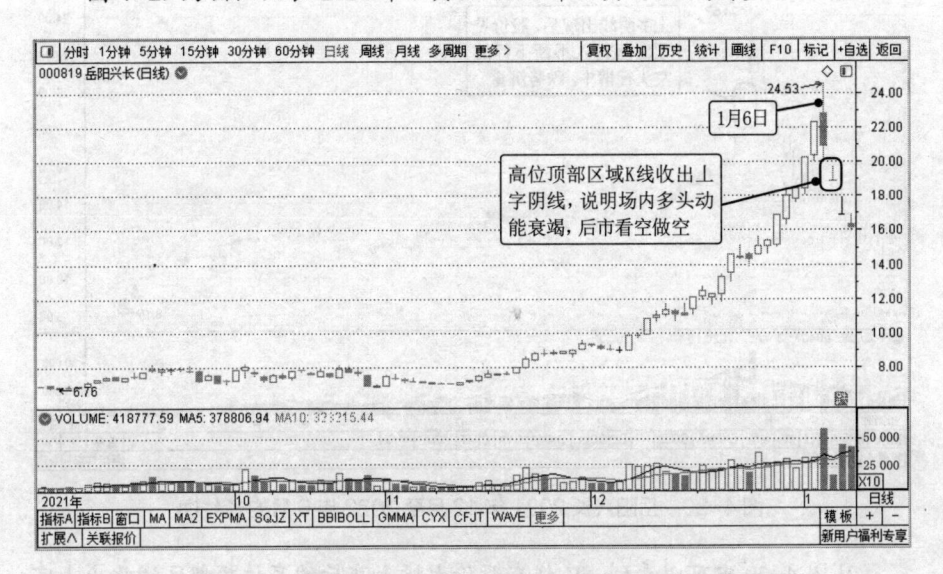

图4-29　岳阳兴长2021年9月至2022年1月的K线图

从图4-29中可以看到，岳阳兴长前期股价长时间在8.00元价位线下方的相对低位区域横盘窄幅整理运行，市场人气低迷，股价走势沉闷。2021年11月下旬，K线收出连续阳线开始向上拉升股价，表现上涨行情，涨势稳定。

经过 1 个月左右的时间，股价上涨至 22.00 元价位线上方，相较于起涨时的 8.00 元，涨幅约为 175%。由于股价短期内快速上涨，盘中堆积了大量的获利筹码。

2022 年 1 月 6 日，股价高开低走，收出带长上影线的阴线，并创出 24.53 元的新高，下方的成交量伴随放大，说明主力可能在出货，股价可能见顶回落。

第二天 K 线向下跳空低开，盘中继续下行至跌停板，最终以一根⊥字阴线报收，预示上涨行情即将结束，后市看空，投资者应立即抛售持股离场。

图 4-30 为岳阳兴长 2021 年 12 月至 2022 年 5 月的 K 线图。

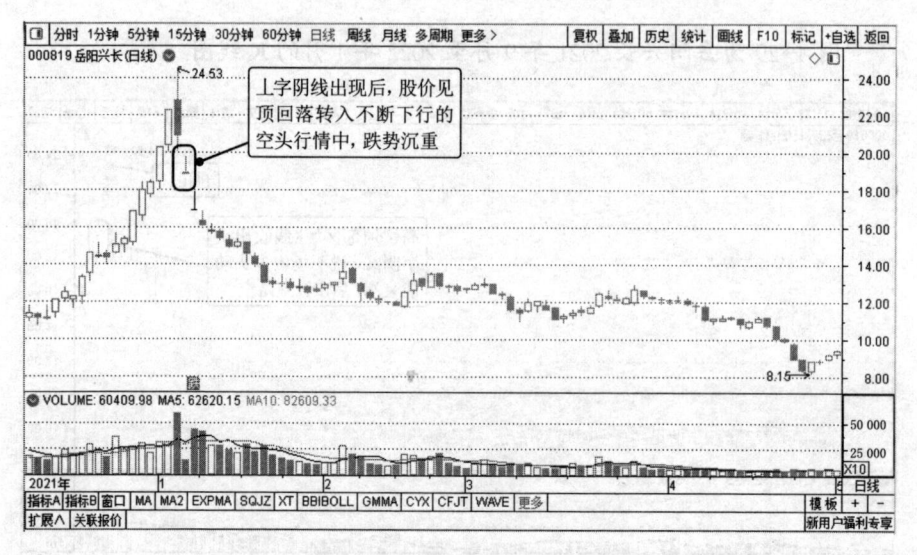

图 4-30　岳阳兴长 2021 年 12 月至 2022 年 5 月的 K 线图

从图 4-30 中可以看到，K 线在股价大幅上涨后的高位顶部区域收出⊥字阴线后，该股头部形成，随后转入空头市场中，股价逐浪下行，跌势迅速，跌幅较大。

经过一番下跌之后，股价运行至起涨点位置附近。如果前期投资者在顶部位置没有及时离场，可能会遭受较大的经济损失。

No.11　下跌途中的弱势反弹⊥字阴线

形态图解

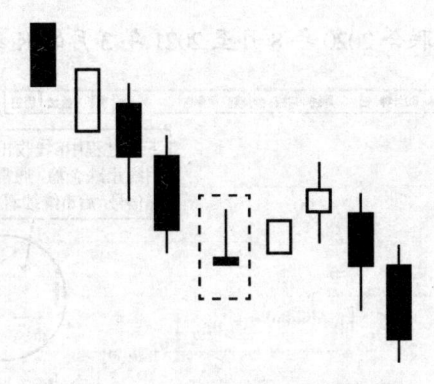

图4-31　弱势反弹⊥字阴线示意图

在下跌趋势中，K线收出一根⊥字阴线，股价止跌企稳，随后小幅反弹表现上涨，但这并非转势信号，后市继续看空做空。

操盘法则

一旦股价从上涨转为下跌，趋势形成后，在下跌途中出现的⊥字阴线就具有助跌作用。当K线收出⊥字阴线止跌企稳时，投资者需要从以下几个方面来分析。

① 观察股价的下跌幅度，如果⊥字阴线距离头部位置较近，距离上涨行情起涨点位置较远，则个股目前仍有较大下跌风险，投资者应继续看空做空。

② 股价在⊥字阴线后的止跌反弹，通常为弱势反弹，有的还会以平台整理形式代替反弹，本质上是一个下跌中继平台，一旦股价下行跌破平台，后市将进一步下跌。

重点提示

K线收出⊥字阴线后，股价止跌企稳，甚至小幅回升，很多投资者可能会判断为底部筑成而抄底买进。但股价是否后市看涨，要以成交量是否温和放大来判断，无量上涨最好暂缓买入。

实盘解读

宁波联合（600051）下跌途中⊥字阴线止跌反弹分析

图4-32为宁波联合2020年8月至2021年3月的K线图。

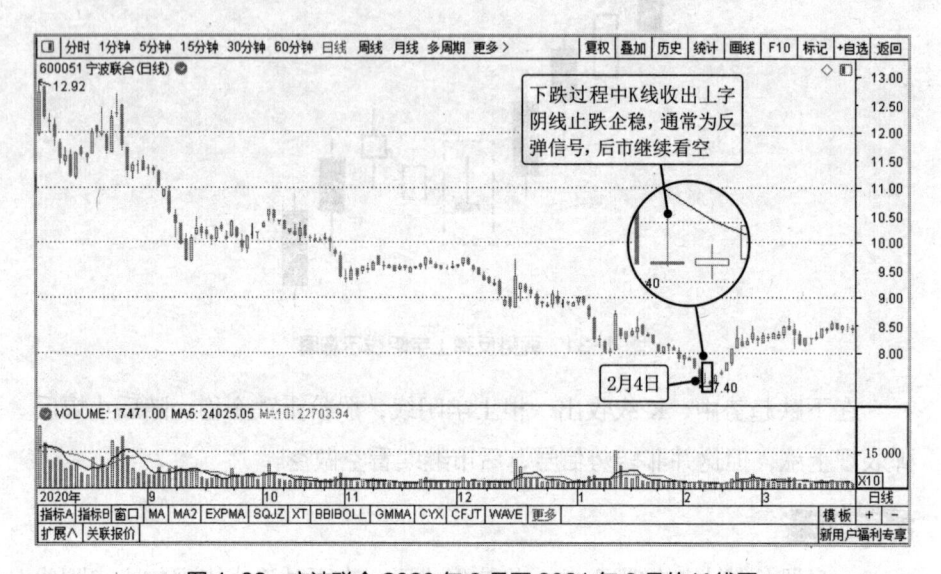

图4-32 宁波联合2020年8月至2021年3月的K线图

从图4-32中可以看到，宁波联合股价在相对高位处见顶回落，转入逐浪下行的空头市场中，随后不断下行，下跌势头猛烈。2021年2月4日，K线下行至8.00元价位线下方，收出一根带下影线的阴线，并创出7.40元的新低。第二天K线收出一根⊥字阴线止跌企稳，股价出现反弹迹象。

仔细观察股价走势情况可以发现，相较于前期13.00元左右的高位，目前个股累计下跌幅度在43%左右，而前期的拉升行情累计涨幅就比较大了，因此可以判断，该股当前仍然处于下跌通道之中，距离底部还有一定距离。

K线收出⊥字阴线后止跌横盘，开始向上小幅拉升，表现上涨，但是在股价回升的过程中，下方的成交量并没有给予更强的支撑，属于无量上涨。由此可以判断，此时的⊥字阴线应该是股价下跌途中的反弹信号，而且是弱势反弹，上涨力度较小，反弹结束后股价将继续下行。

图4-33为宁波联合2021年1月至8月的K线图。

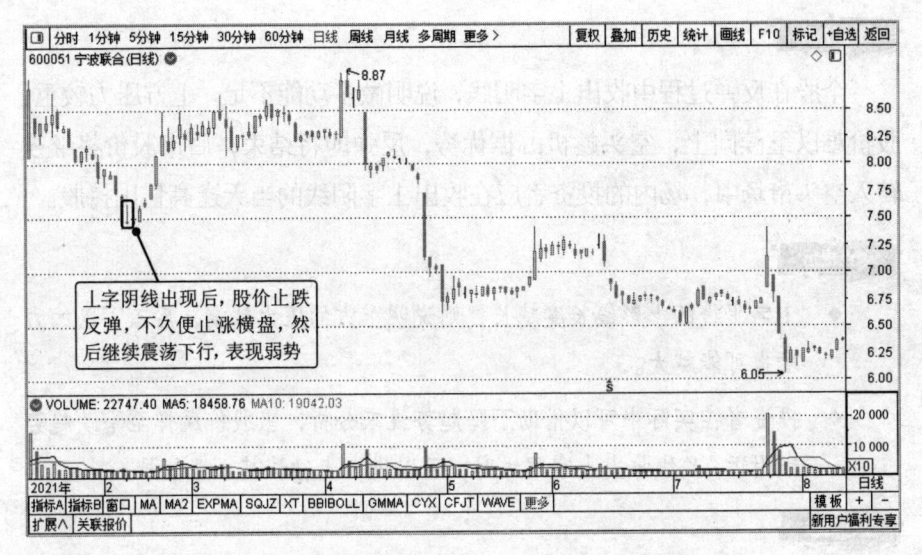

图 4-33　宁波联合 2021 年 1 月至 8 月的 K 线图

从图 4-33 中可以看到，K 线收出⊥字阴线后股价止跌反弹，上涨至 8.50 元价位线附近后形成横盘，随后再次转入波动下行的空头市场中，跌势猛烈，跌幅较深。

No.12　反弹结束信号⊥字阴线

形态图解

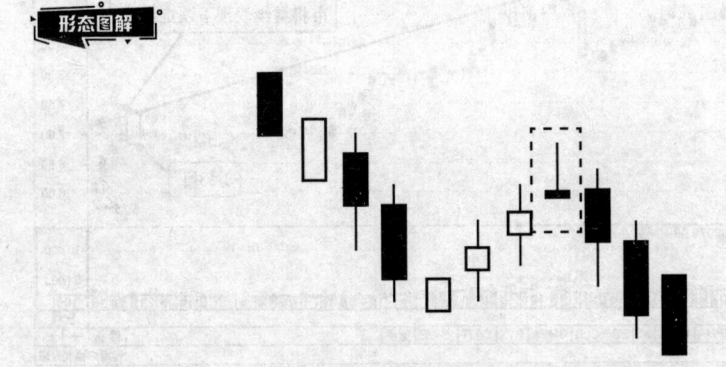

图 4-34　反弹结束信号⊥字阴线示意图

个股处于不断下行的行情中，当下跌至某一价位线后止跌反弹，在反弹回升的过程中 K 线收出⊥字阴线，通常预示着反弹的结束，后市继续看空做空。

操盘法则

个股在反弹过程中收出⊥字阴线，说明做多动能不足，上方压力较重，股价难以继续向上，空头趁机占据优势，反弹即将结束，后市股价将继续转入空头市场中，场内的投资者应在收出⊥字阴线的当天逢高售出持股。

重点提示

- ⊥字阴线的上影线长度越长，则说明上方的压力越重，后市下跌的力度也可能越大。
- 投资者在实际中可以借助下降趋势线来分析，当股价反弹至下跌趋势线附近，K线收出⊥字阴线时，可以进一步确认其止涨信号。

实盘解读

紫江企业（600210）反弹回升中的⊥字阴线分析

图4-35为紫江企业2021年11月至2022年3月的K线图。

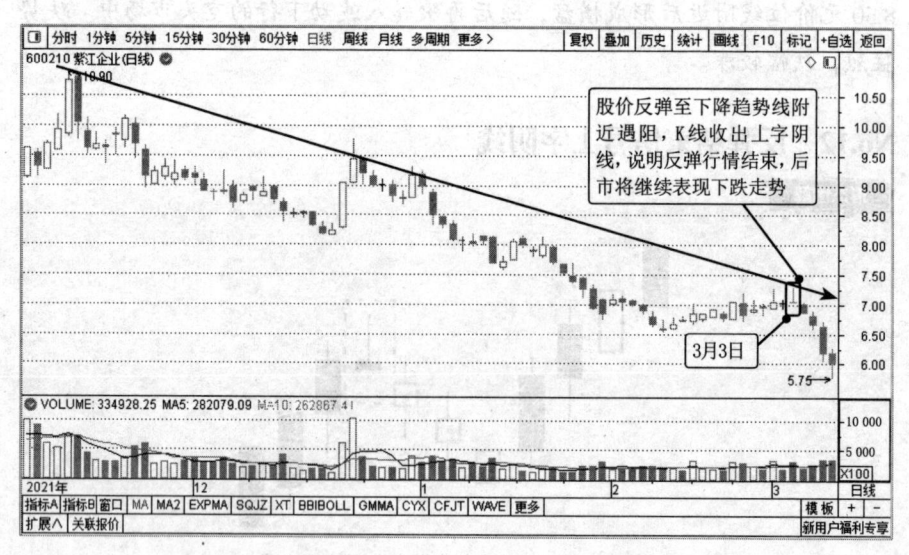

图4-35 紫江企业2021年11月至2022年3月的K线图

从图4-35中可以看到，紫江企业股价在相对高位见顶后，转入震荡下行的下跌走势中。

2022年2月中旬，股价下行至6.50元价位线上止跌企稳，随后K线收出连续小阳线向上拉升。3月3日，K线在7.00元价位线附近收出一根⊥字阴线。同时，在下跌走势中绘制一条下降趋势线，发现当股价反弹至下降趋势线附近时，遇到强大阻力，这时的⊥字阴线就能够进一步确认止涨信号。这说明多头动能不足，难以继续支持股价上涨，场内空头仍然占据优势，这一波反弹行情可能即将结束，后市将转入下跌走势中。

图4-36为紫江企业2021年11月至2022年5月的K线图。

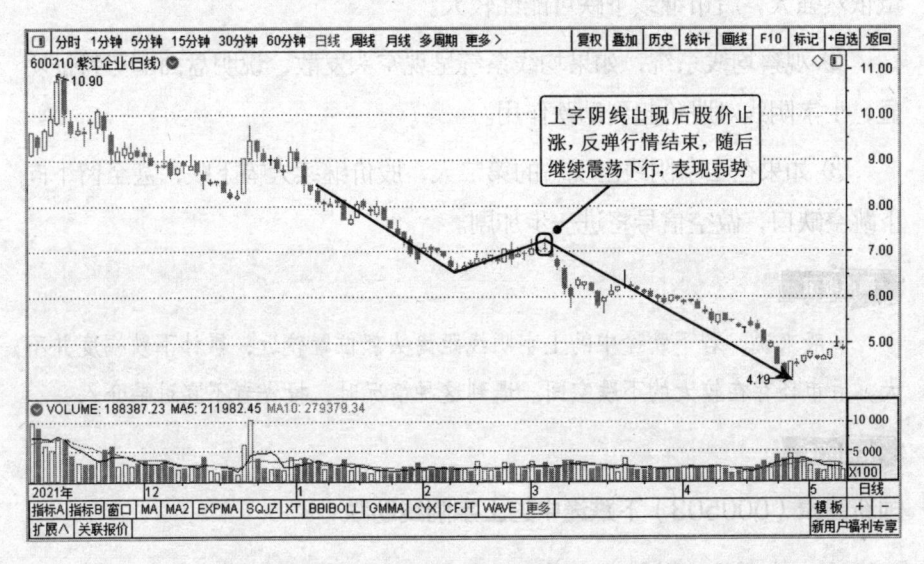

图4-36　紫江企业2021年11月至2022年5月的K线图

从图4-36中可以看到，K线在反弹过程中收出⊥字阴线后反弹结束，随后K线连续收出阴线，股价进一步下跌，且下跌幅度较深。

No.13　下跌途中的加速⊥字阴线

形态图解

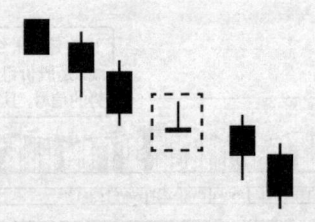

图4-37　下跌途中的加速⊥字阴线示意图

⊥字阴线出现在下跌通道中，往往起到加速下跌的作用，后市继续看空，场外投资者继续观望，场内投资者逢高离场。

操盘法则

投资者在下跌通道中发现⊥字阴线时，应从以下几个方面来进行分析。

① 查看成交量，如果在出现⊥字阴线之前，成交量较大，表明做空能量依然强大，后市继续下跌可能性较大。

② 观察均线系统，如果均线系统呈现空头发散，说明盘面弱势特征明显，⊥字阴线对股价起到助跌作用。

③ 如果在⊥字阴线出现后的第二天，股价继续大幅下跌，甚至留下向下跳空缺口，做空信号将进一步加剧。

重点提示

一般来说，若下跌途中的⊥字阴线距离头部位置较近，累计下跌幅度并不大，后市还存在较大的下跌空间。遇到这种情况时，投资者不宜过早介入。

实盘解读

国新健康（000503）下跌途中的⊥字阴线助跌

图 4-38 为国新健康 2021 年 11 月至 2022 年 1 月的 K 线图。

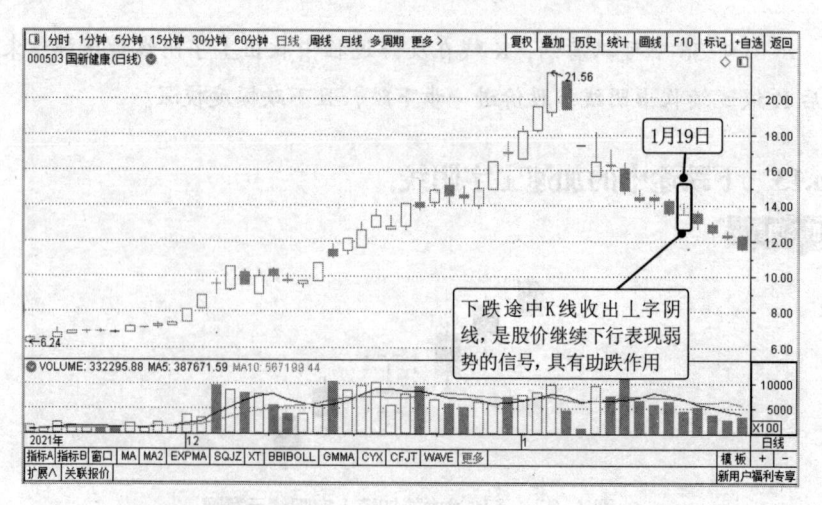

图 4-38　国新健康 2021 年 11 月至 2022 年 1 月的 K 线图

从图 4-38 中可以看到，国新健康股价从 6.00 元价位线附近开始上涨，当涨至 20.00 元价位线上方，创出 21.56 元的新高后回落，K 线收出一字跌停，股价形成一个倒 V 字头部形态，随后转入不断下行的弱势行情中。

在下跌通道中，2022 年 1 月 19 日，K 线收出一根⊥字阴线，说明场内空头占据绝对优势，⊥字阴线助跌，后市股价仍然持续下跌，场外投资者不要着急入场。

另外，从成交量来看，⊥字阴线出现之前，成交量有过放大，说明市场中做空动能强劲，且此时距离头部较近，场内空头动能并未得到彻底释放，进一步说明后市继续下跌的可能性较大。

图 4-39 为国新健康 2021 年 12 月至 2022 年 5 月的 K 线图。

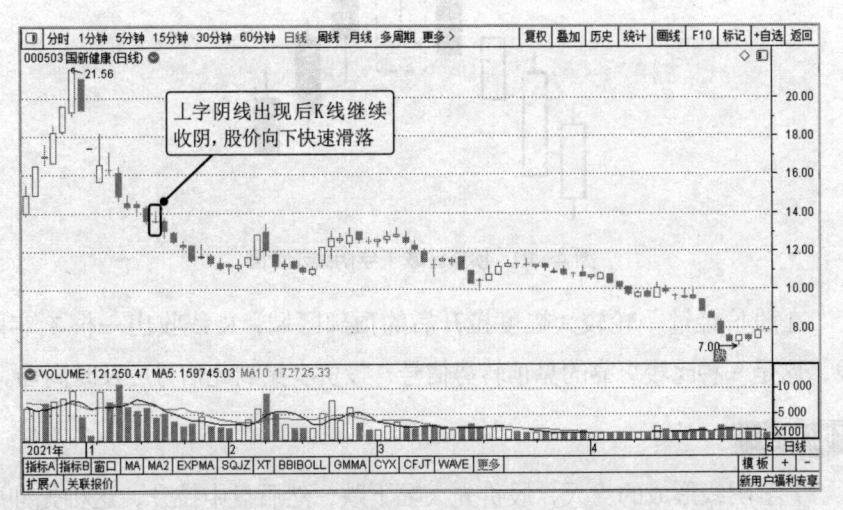

图 4-39　国新健康 2021 年 12 月至 2022 年 5 月的 K 线图

从图 4-39 中可以看到，K 线在下跌过程中收出⊥字阴线后，股价继续向下快速下跌，之后持续了较长时间的下跌走势，且跌幅较深。

四、T 字形态阴线

T 字阴线也是一种比较特殊的形态，与⊥字阴线有些类似，它的开盘价与收盘价接近，且与最高价相近，形成了实体非常小同时带有下影线的阴线（一般没有上影线，如果有也很短）。T字阴线信号强弱的程度与下影线的长度成正比，下影线越长，则信号越强。

一般来讲，T字阴线因其所处位置不同，技术含义也会有所差异。在实际操作中，T字阴线能够反映市场走势情况，投资者只要认真分析T字阴线出现的时间、位置，再结合其他技术分析指标，就能提高研判成功率，从而做出相应的投资决策。

No.14　大幅拉升后高位T字阴线

形态图解

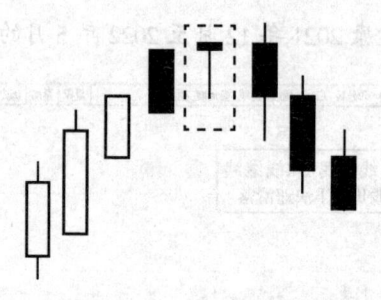

图4-40　顶部区域T字阴线示意图

在股价经过一轮较大幅度拉升后的顶部区域，K线收出一根T字阴线，这是一种比较可靠的见顶转势信号，投资者见到此信号应及时离场。

操盘法则

T字阴线形成的当天，股价先大幅下跌，然后盘中拉升，这种先抑后扬的走势给人以整理完成继续拉升的感觉，一些激进的投资者可能会立即进场追涨。但实际上，这很可能是主力高位出货的诱多行为，后续常常伴随着大阴线，股价可能会急速下跌。若想要进一步确认，可从以下几个方面进行判断。

① 投资者可以查看T字阴线位置，如果距离起涨点较近，累计涨幅在30%以下，有可能是上涨途中的整理；但是如果涨幅超50%或100%时，就需要考虑主力高位出货的可能。

② 查看均线系统，如果T字阴线出现后均线系统仍然呈现多头排列

向上发散,则趋向走好;如果T字阴线出现后,均线走平或拐头下行,股价跌破5日、10日均线运行至均线下方,则有见顶回落的可能。

重点提示

在实际操作中,一旦大幅上涨后的高位区域出现T字阴线,场内投资者应首先判断为顶部转势信号,锁定前期收益及时减仓或离场,场外投资者也不要盲目追涨。

实盘解读

远大控股(000626)顶部区域T字阴线分析

图4-41为远大控股2021年3月至8月的K线图。

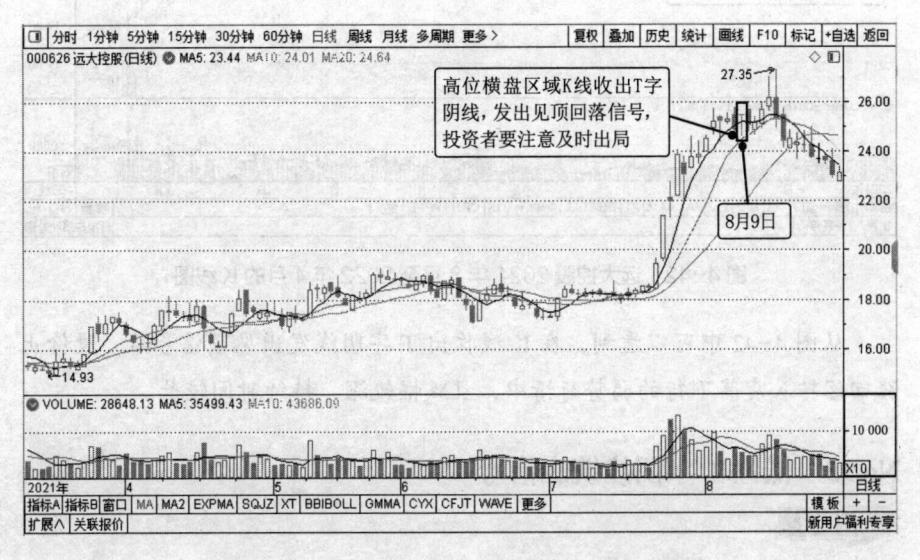

图4-41 远大控股2021年3月至8月的K线图

从图4-41中可以看到,该股处于不断向上攀升的强势行情之中,涨势稳定。2021年6月,股价上涨至19.00元价位线附近后涨势减缓,并在18.00元至19.00元进行横盘窄幅波动运行。7月下旬,下方成交量突然放量,带动股价向上直线拉升,短短几个交易日的时间将股价拉升至25.00元价位线附近,随后滞涨横盘。

8月9日,股价开盘后急速下行,随后盘中大幅拉起直至收盘,形成一根T字阴线，给人以多头入场拉升，后市可期的感觉。但是，此时股价已经经过一番幅度较大的拉升，运行至高位区域，这里的T字阴线可能是诱多行为，股价后市可能见顶转势。

图4-42为远大控股2021年8月至2022年4月的K线图。

高位T字阴线出现后不久，股价见顶回落转入震荡下行的弱势行情中

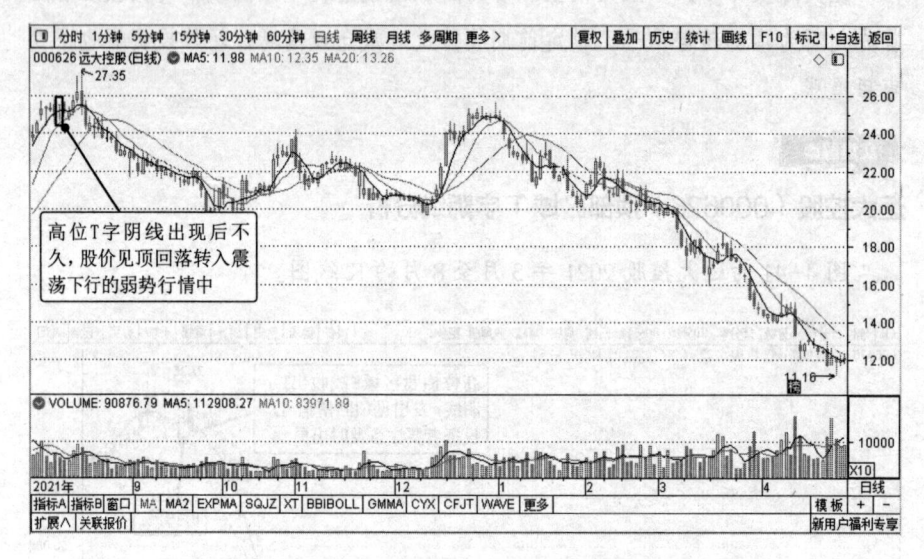

图4-42　远大控股2021年8月至2022年4月的K线图

从图4-42中可以看到，在K线收出T字阴线发出见顶信号后，股价止涨回落转入震荡下行的弱势行情中，且跌幅较深，持续时间较长。

No.15　低位T字阴线筑底信号

形态图解

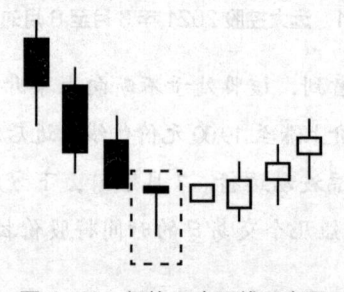

图4-43　低位T字阴线示意图

T字阴线出现在股价经过一轮大幅下跌后的低位区域，是一种见底信号，投资者可以逢低买入，或者在股价明显企稳放量回升时买进。

操盘法则

在低位区域，股价当天开盘后立即快速下跌，使得投资者纷纷抛售持股，此时主力趁机吸收更多的低位筹码，然后再快速拉升股价，就会形成T字阴线。

低位T字阴线往往是股价止跌企稳的信号，下影线越长，说明下方支撑力越大，其转势意义也就越强。若后期股价即便波动调整也没有跌破T字阴线的最低点，那么这对后市的上涨就有了一定的保障。

重点提示

股价前期下跌的时间越长，幅度越大，T字阴线见底的信号就越明确。

实盘解读

承德露露（000848）下跌后的低位T字阴线筑底

图4-44为承德露露2020年9月至2021年3月的K线图。

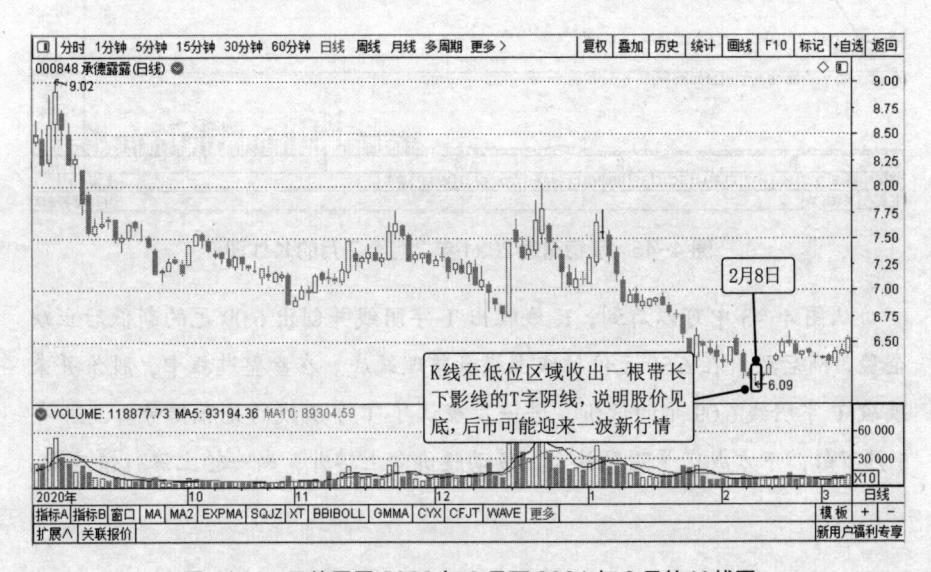

图4-44 承德露露2020年9月至2021年3月的K线图

从图 4-44 中可以看到，该股处于逐浪下行的下跌行情之中，经过一番长期、大幅下跌之后，2021 年 1 月下旬，股价运行至 6.50 元价位线下方，跌势减缓。

2021 年 2 月 8 日，该股开盘后快速向下滑落，跌势又急促又猛烈，创出 6.09 元的新低后便止跌向上快速拉回，K 线收出一根带长下影线的 T 字阴线。K 线在低位区域收出带长下影线的 T 字阴线，说明场内的空头动能基本释放完全，股价见底，后市可能转入新一轮大幅拉升的上涨行情之中。投资者可以在下方成交量温和放量，股价向上缓慢拉升，上涨启动时买进。

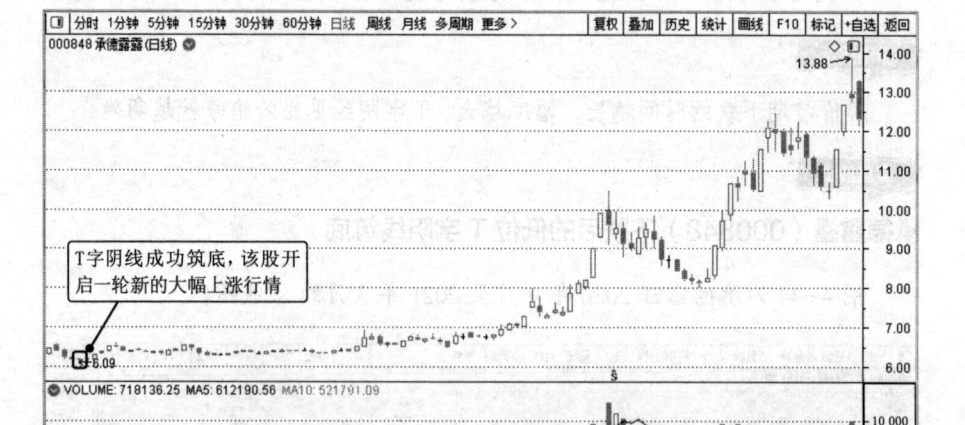

图 4-45 为承德露露 2021 年 2 月至 7 月的 K 线图。

图 4-45　承德露露 2021 年 2 月至 7 月的 K 线图

从图 4-45 中可以看到，K 线收出 T 字阴线并创出 6.09 元的新低后止跌企稳，随后股价在 6.50 元价位线上横盘整理筑底。在盘整过程中，股价并未跌破 T 字阴线 6.09 元的低价，进一步确认了 T 字阴线的见底信号。2021 年 5 月下旬，下方成交量明显放大，带动股价向上攀升，新一轮上涨行情启动。

第五章

阴线结合技术指标综合研判

技术指标是指通过一定的数学、统计或其他方式对市场中的原始数据进行处理、整合后得到的功能不一的技术分析工具，不同的处理方法会产生不同的技术指标，例如KDJ、成交量、MACD等。在股价波动研判分析中，投资者可以将阴线和技术指标结合来帮助判断，这样可以让研判更为准确、科学及合理。

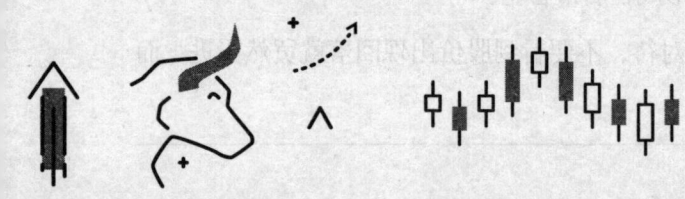

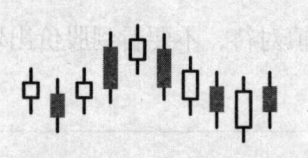

一、阴线与成交量结合

可以说成交量是推动股价上涨的原动力之一，市场中的有效变动大多需要成交量形成配合。因此，投资者在分析市场中的阴线形态时，如果能够结合成交量来研判分析，往往可以得到更为准确的、真实的市场信号。

No.01　高位巨量长阴线

形态图解

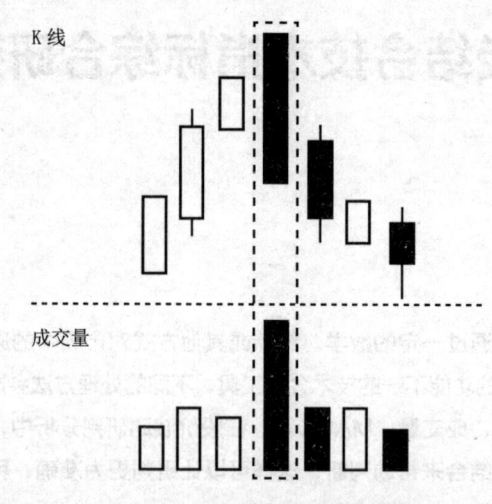

图 5-1　高位巨量长阴线示意图

高位巨量长阴线是指在股价连续上涨之后的相对高位区域，K 线突然收出的一根带巨量的长阴线，且该巨量长阴线的振幅和跌幅通常均超过 5%，日换手率大多会超过 10%，成交量则处于相对较高的水平，甚至创出阶段新高。

操盘法则

股价经过一番较大幅度的拉升后运行至高位区域，多方的力量逐渐衰竭，已经不足以再使股价进一步提升。如果成交量突然放巨量，K 线收出长阴线，通常表示股价顶部形成，后市看空。

此时投资者一定要谨慎对待，不要看到股价出现回落就贸然买进，而

第五章 阴线结合技术指标综合研判

是应该在出现巨量长阴当天清仓出局。

K 线在高位收出的这根阴线，可以是高开低走，也可以是平开或者低开低走，没有下影线或下影线较短。

重点提示

◆ 高位巨量大阴线转势信号的前提是股价持续上涨了较长时间，此处距离行情起涨点较远，累计涨幅在 40% 以上，此时该信号才可以被认为是有效信号。

◆ 出现巨量长阴之后，即便股价短时间内震荡向上，投资者也应该保持警惕，一旦后续股价上涨无力，就要立刻出局。

实盘解读

深桑达 A（000032）股价顶部巨量大阴线转势分析

图 5-2 为深桑达 A 在 2020 年 2 月至 8 月的 K 线图。

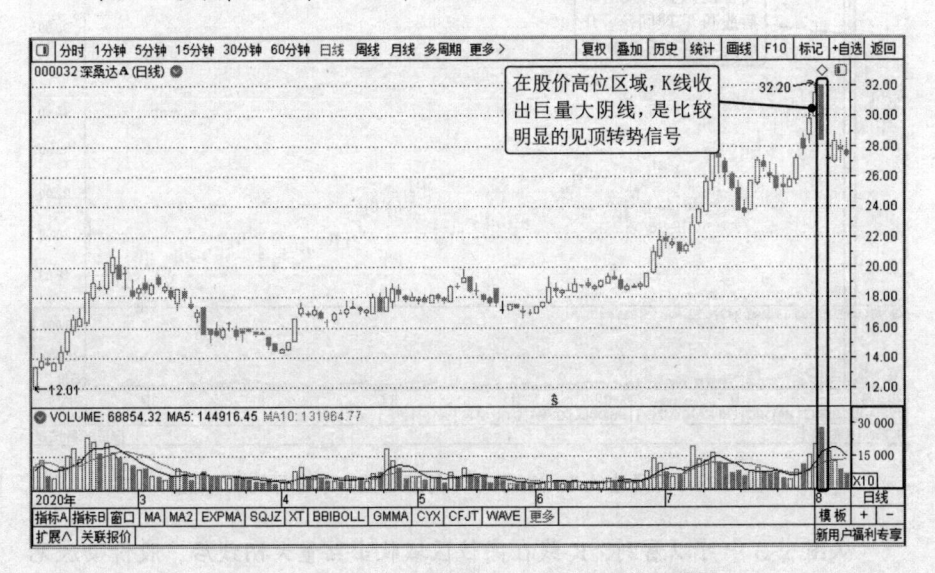

图 5-2 深桑达 A 在 2020 年 2 月至 8 月的 K 线图

从图 5-2 中可以看到，该股长期处于逐浪上行的强势拉升行情之中，涨势稳定，且涨幅较大。

2020年7月上旬，股价上涨至28.00元价位线附近后止涨，随后在24.00元至28.00元进行横盘震荡运行，此时距离前期12.00元的起涨点较远，涨幅已经超过100%了。

7月底，股价再次向上奋力冲高，并成功突破到了28.00元价位线以上，拉升至32.00元价位线上方，并创出了32.20元的新高。第二天，股价走势却急转直下，收出一根大阴线，价格被拉低至28.00元价位线附近，且下方成交量放出巨量。

这一根大阴线的出现，说明场内多头动能衰竭，上涨乏力，空头此时占据绝对优势，市场转入空头市场中，后市即将迎来一波大幅下跌行情，场内的投资者应锁定前期收益尽快离场。

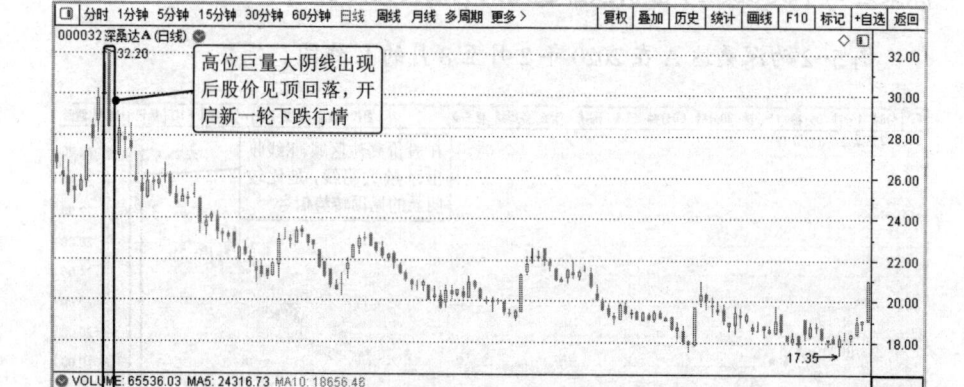

图5-3为深桑达A在2020年7月至2021年2月的K线图。

图5-3 深桑达A在2020年7月至2021年2月的K线图

从图5-3中可以看到，K线在高位区域收出巨量大阴线后，股价彻底见顶回落，转入不断震荡下行的弱势行情之中，且跌势沉重，跌幅较深。如果前期投资者发现巨量大阴线后没有及时离场，可能会陷入长期困境之中。

No.02　底部缩量大阴线

形态图解

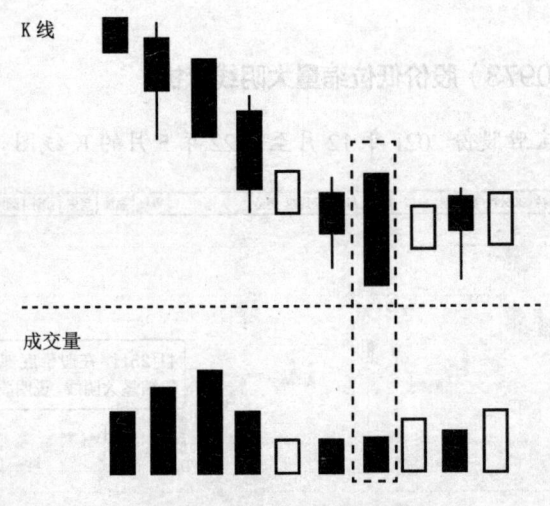

图 5-4　底部缩量大阴线示意图

股价在大跌之后的底部区域收出一根大阴线且市场上交易冷淡，成交量已经极度萎缩，说明场内的做空动能衰竭，盘中抛压减少。这时投资者虽然不能立即判断行情即将逆转，但也可以认为底部即将来临。

操盘法则

当股价经过连续下跌，且跌幅较深时，缩量大阴线的出现就说明空方正在最后一搏，行情即将见底的可能性较大。之前的跌幅越大，后市行情反转的可能性也越大，此时，投资者可以适当看多做多。

如果出现底部大阴线时，成交量放出巨量，则说明场内空头动能还未释放完全，后市股价继续下跌的可能性较大。需要注意的是，这里的缩量是相较于前期一段时间来说的。

重点提示

◆ 在底部大阴线出现后不久，如果股价开始放量回升，那么投资者可以在股价有效突破大阴线的最高价时适量买入。

◆ 底部缩量大阴线出现后，行情如果进入横盘震荡整理阶段，这时投资者应以持币观望为主，不要着急入场。

实盘解读

宝胜股份（600973）股价低位缩量大阴线分析

图 5-5 为宝胜股份 2021 年 12 月至 2022 年 5 月的 K 线图。

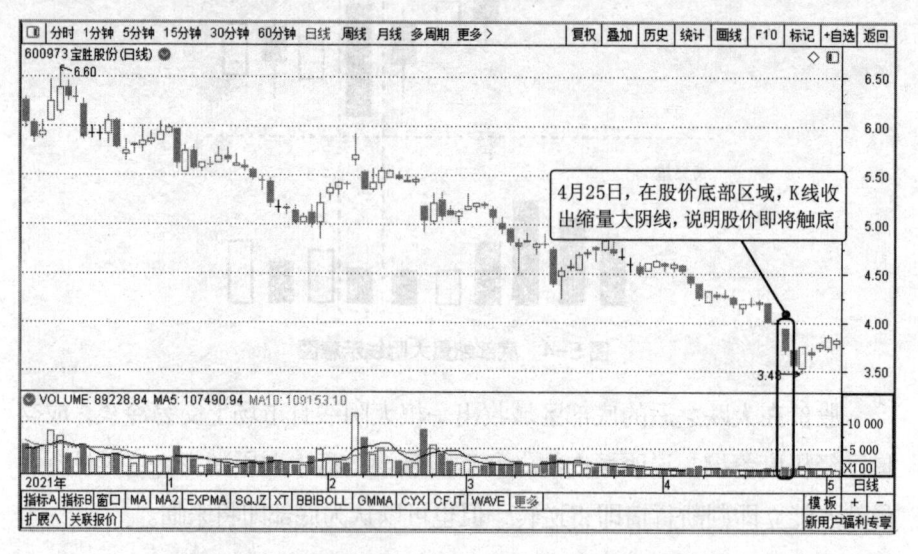

图 5-5　宝胜股份 2021 年 12 月至 2022 年 5 月的 K 线图

从图 5-5 中可以看到，该股处于逐浪下行的弱势行情之中，且跌势沉重，跌幅较深。

2022 年 4 月，经过一番下跌之后，股价运行至 4.25 元价位线附近，跌势减缓后横盘整理。几个交易日后，股价再次下跌，4 月 25 日，股价向下跳空低开，盘中继续下行，K 线最终以一根大阴线报收，此时下方成交量表现极度萎缩。

在股价低位区域，成交量表现极度萎缩，说明此时场内的空头动能基本已经释放完全。同一时刻 K 线收出一根大阴线，意味着行情见底的可能性较大，此时场外的投资者可以持续观望，等待入场。

图 5-6 为宝胜股份 2022 年 4 月至 7 月的 K 线图。

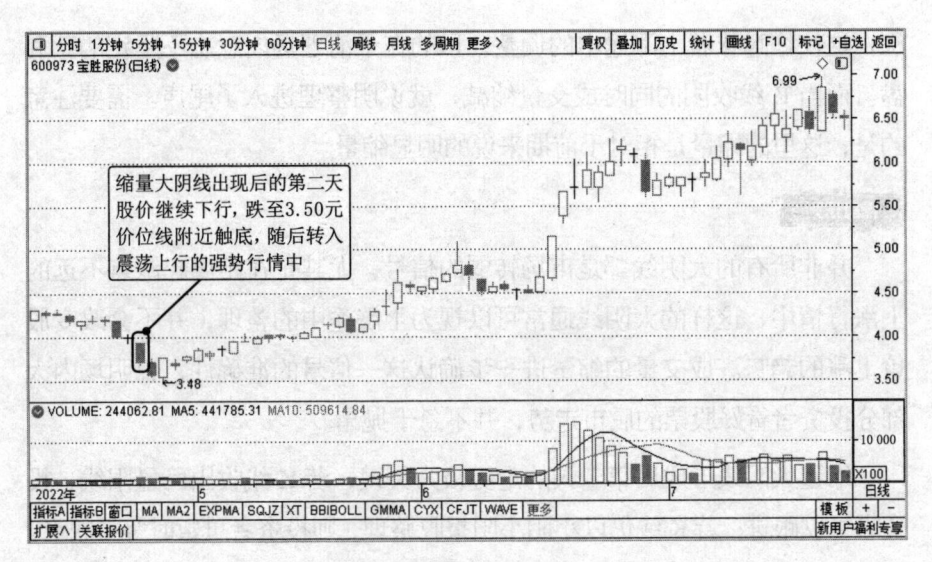

图5-6 宝胜股份2022年4月至7月的K线图

从图5-6中可以看到,K线在底部区域收出缩量大阴线后的第二天,该股继续收出阴线,跌至3.50元价位线附近,随后横盘筑底,并很快开启一轮逐浪上行的上涨行情之中。

No.03 上涨途中缩量大阴线

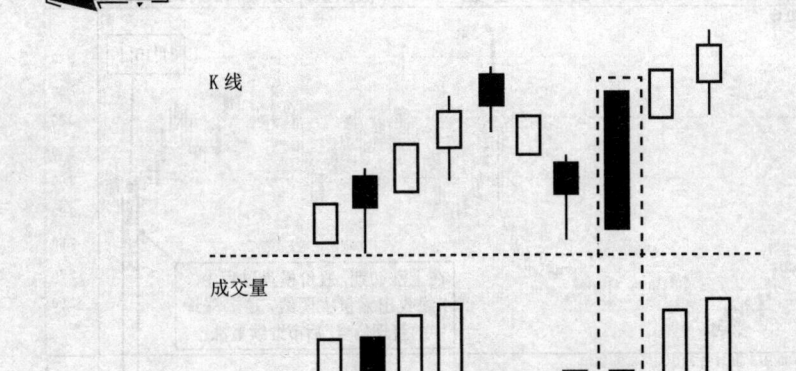

图5-7 上涨途中缩量大阴线示意图

股价处于波动上行的强势行情之中,且涨势较好,此时K线却收阴止涨，这往往意味着上涨途中的调整，目的在于清理场内意志不坚定的获利盘。而当 K 线收阴的同时成交量缩减，就说明整理进入了尾声。需要注意的是，这里的缩量是相对于前期来说的明显缩量。

操盘法则

并非所有的大阴线都是市场转弱的信号，尤其是在距离起涨点不远的上涨行情中，这样的大阴线通常可以视为上涨途中的整理，并不会改变股价上涨的趋势。成交量的缩量进一步确认这一信号的准确性，说明场内大部分投资者看好股票的后市走势，并不急于抛售。

缩量大阴线形成后第二天的走势极为关键，若 K 线收出巨量阳线，投资者可以跟进；若 K 线仍以小阴小阳报收整理，则投资者可暂时等待机会。

当股价向上拉升收回大阴线造成的损失后，投资者可以适当买进，一旦股价继续向上拉升且突破前期高点时，可以重仓买进。

实盘解读

光大嘉宝（600622）股价上涨途中缩量大阴线整理分析

图 5-8 为光大嘉宝 2021 年 9 月至 2022 年 3 月的 K 线图。

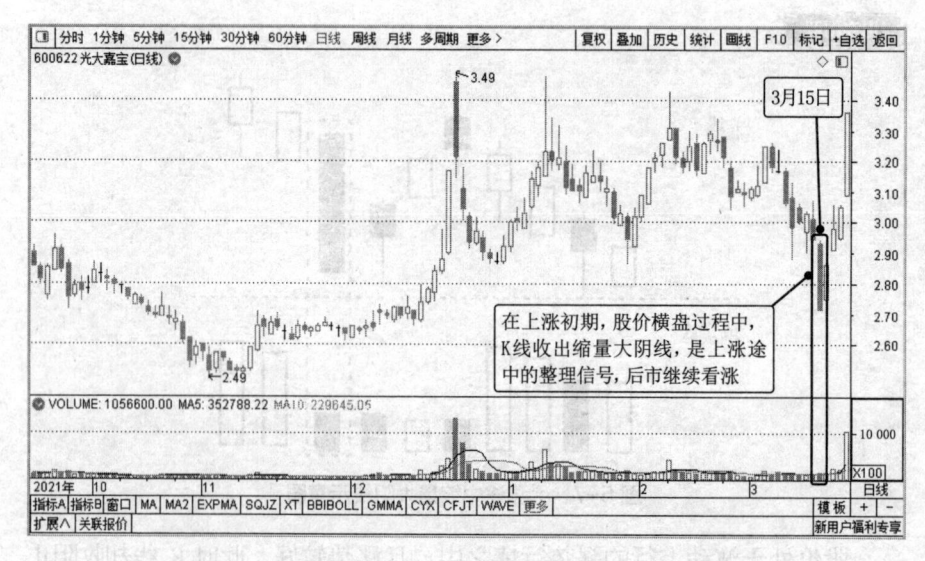

图 5-8　光大嘉宝 2021 年 9 月至 2022 年 3 月的 K 线图

从图 5-8 中可以看到，前期该股经过一波下跌后运行到 2.60 元价位线附近的低位区域，创出 2.49 元的新低后止跌横盘。2021 年 11 月上旬，股价开始向上拉升，新一轮上涨行情启动。

股价上涨至 3.40 元价位线附近后止涨回落，随后在 2.90 元至 3.40 元进行横盘波动，其间股价反复震荡，但好在并未产生明显下跌迹象。

2022 年 3 月 15 日，股价突然向下跳空低开，盘中单边下行，跌势又急又猛，最终以一根大阴线报收，股价跌破整理平台，来到 2.70 元价位线附近，下方成交量表现为缩量。

第二天，股价高开后盘中向上大幅拉升，最终收出一根阳线，收复了大阴线造成的大部分损失，说明这根大阴线并非市场转势信号，而是股价回调即将结束的信号，后市继续看多。

图 5-9 为光大嘉宝 2021 年 11 月至 2022 年 4 月的 K 线图。

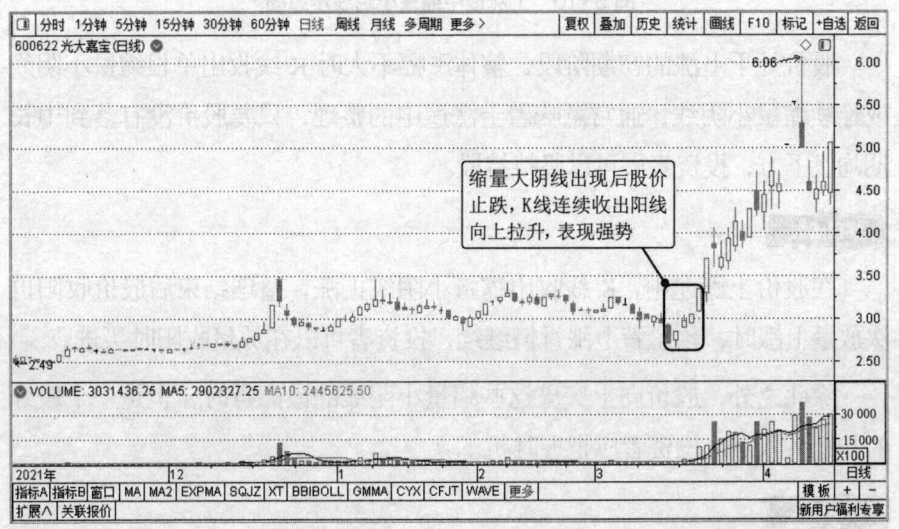

图 5-9　光大嘉宝 2021 年 11 月至 2022 年 4 月的 K 线图

从图 5-9 中可以看到，K 线在上涨初期收出缩量大阴线后连续收阳上涨，且成功向上突破横盘整理平台，形成强势拉升，股价涨势迅速，涨幅较大。

No.04　上涨途中的缩量小阴线

形态图解

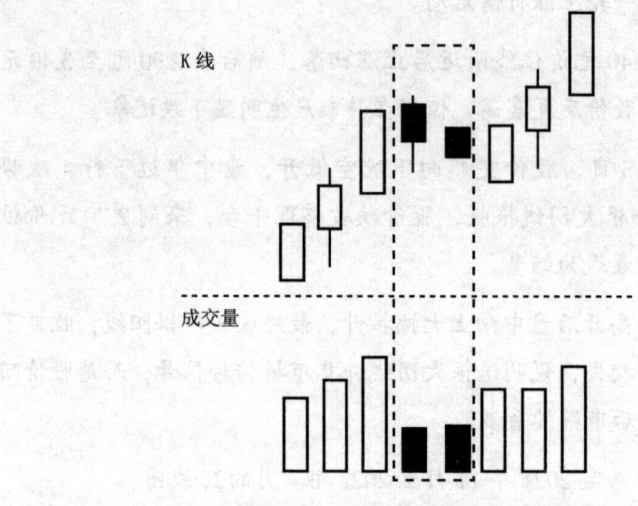

K线

成交量

图 5-10　上涨途中缩量小阴线示意图

股价处于上涨的初期阶段，整体涨幅不大时 K 线收出单根缩量小阴线或连续缩量小阴线，通常意味着上涨途中的整理，只要股价没有落到中长期均线下方，投资者就可以坚持持股。

操盘法则

在股价上涨途中，K 线收出缩量小阴线止涨，整理结束后股价收阳再次放量上涨时，预示着上涨行情继续，投资者可以在放量收阳时买进。

除此之外，股价向上突破这些缩量小阴线的最高点时，也是一个较好的加仓买入点，投资者应把握时机。

重点提示

- 出现缩量小阴线前，股价应该处于明显的上涨行情中，且之前的上涨幅度并不是很大。
- 若 K 线收出连续的小阴线，则在形成第一根阴线时，成交量可以略微放大，但之后的成交量需保持缩量状态。

实盘解读

中国电影（600977）上涨途中缩量小阴线整理分析

图 5-11 为中国电影 2022 年 8 月至 11 月的 K 线图。

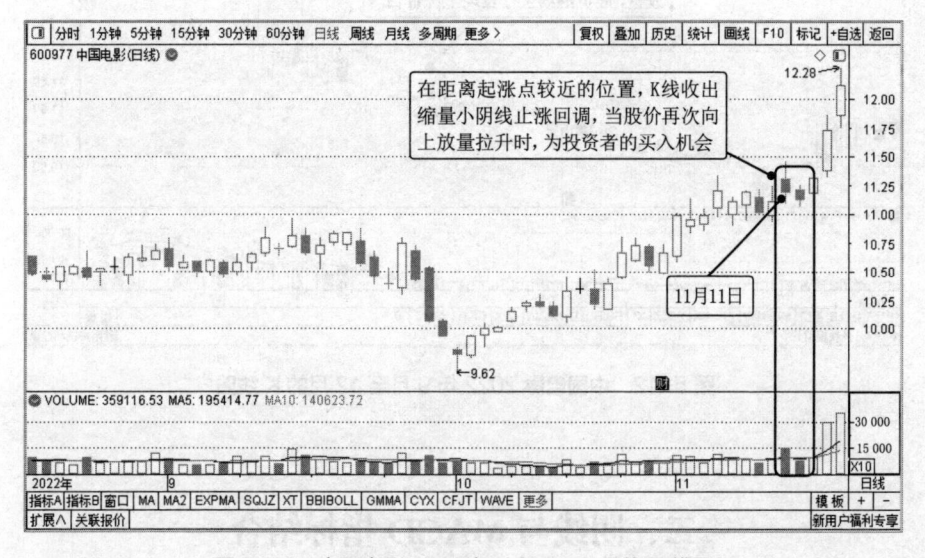

图 5-11　中国电影 2022 年 8 月至 11 月的 K 线图

从图 5-11 中可以看到，前期该股处于空头市场中，股价经过一番下跌后在 9.62 元见底，随后转入波动上行的拉升行情中。经过连续的上涨之后，该股在 11 月 11 日出现回调，当天收出小阴线。第二天，K 线继续收阴，下方成交量明显缩量，这些小阴线的出现可能是部分短线投资者获利回吐造成的，属于上涨途中的回调整理，后市继续看涨。第三天，该股高开后短暂下跌随后一路高走，当日收出小阳线，虽然没有明显上涨，但已经基本收回前两天小阴线造成的损失，表明多方已经开始聚集力量再次上攻。看到这种情形，投资者可以在当天或次日适量买入。

图 5-12 为中国电影 2022 年 9 月至 12 月的 K 线图。

从图 5-12 中可以看到，K 线在上涨途中收出缩量小阴线后，很快便收阳向上突破阴线最高点，下方成交量放大配合，股价继续表现之前的上涨行情，向上逐浪运行，涨幅较大。

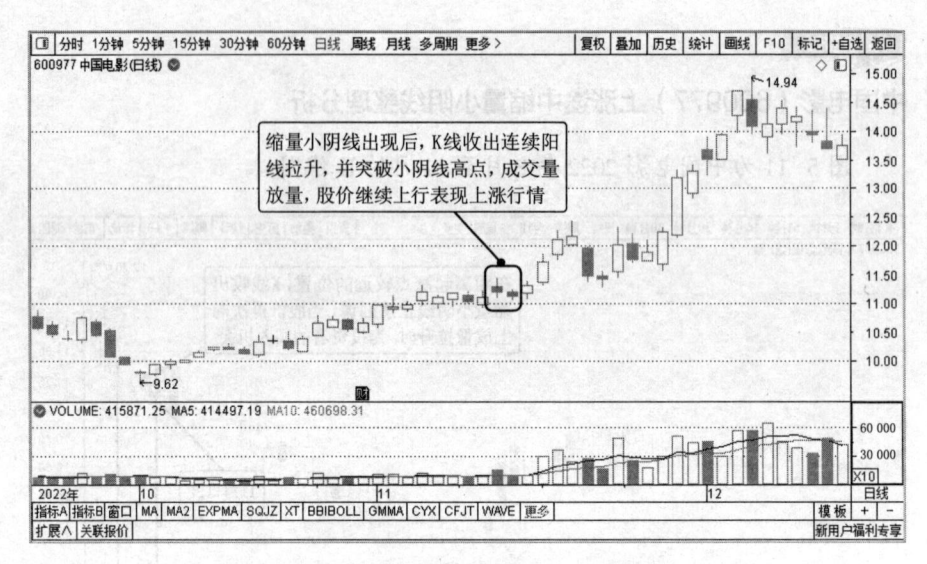

图 5-12　中国电影 2022 年 9 月至 12 月的 K 线图

二、阴线与 MACD 指标结合

　　MACD 指标是由两线一柱组合而成的,是实用性非常强的技术指标,具体包括快线 DIF、慢线 DEA 及 MACD 柱。在实际的投资分析中,投资者可以根据 MACD 指标线的离散、聚合,以及与阴线的结合来判断当前的多空状态和股价可能的发展变化趋势。

No.05　底部大阴线探底 +MACD 指标金叉

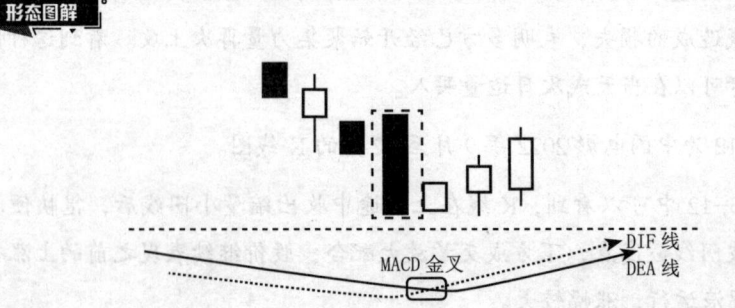

图 5-13　底部大阴线探底 + MACD 指标金叉示意图

在股价经过一番大幅下跌后的底部区域，场内空头基本释放完全，此时 K 线却收出一根势头强劲的大阴线，这往往是探底的表现，说明股价即将触底，后市看涨。

如果后续股价回升的同时，MACD 指标运行至 0 轴下方，其中的 DIF 线自下而上穿过 DEA 线形成金叉，则进一步确认市场转势，后市走强看涨，投资者可以买入跟进。

操盘法则

对于激进的投资者来说，大阴线探底止跌并回升后，MACD 指标发出金叉信号即可买入。但是谨慎一些的投资者可以耐心等待，等待 MACD 金叉形成，DEA 线和 DIF 线同步上行且上穿 0 轴时再买进。

实盘解读

福田汽车（600166）低位大阴线 + MACD 指标金叉分析

图 5-14 为福田汽车 2021 年 12 月至 2022 年 5 月的 K 线图。

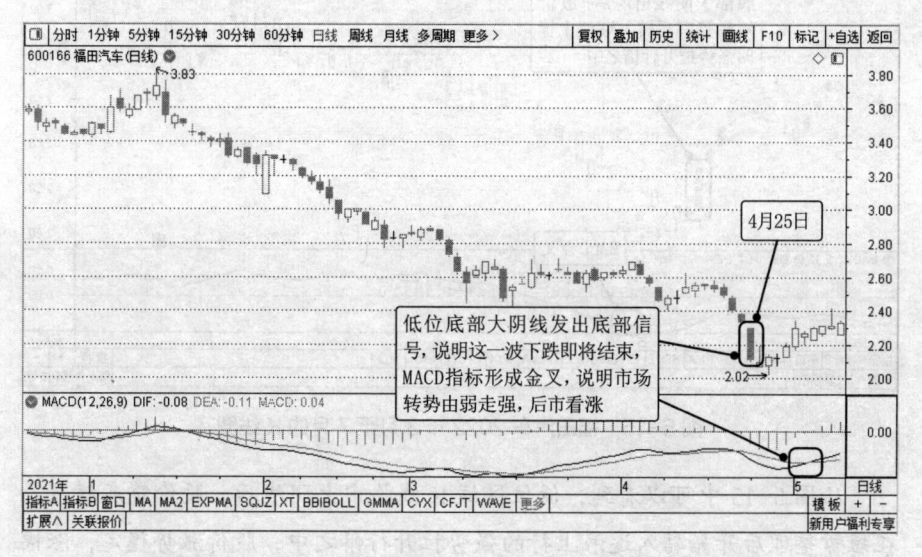

图 5-14　福田汽车 2021 年 12 月至 2022 年 5 月的 K 线图

从图 5-14 中可以看到，股价处于不断震荡下行的空头行情中，股价逐浪下行，跌幅较深。2022 年 3 月上旬，该股运行至 2.60 元价位线上跌势减缓，并围绕该价位线上下波动横盘整理运行。

4月下旬，K线突然收出连续阴线，股价进一步下跌，4月25日，股价向下跳空低开，盘中向下快速运行，最终以一根大阴线报收。

在股价大幅下跌后的低位区域收出大阴线，往往是下跌行情即将触底的信号。在大阴线出现后的第二天，股价止跌且开始小幅向上回升，出现转势迹象。

与此同时，通过查看MACD指标可以发现，股价探底止跌后，在0轴下方的DIF线自下而上穿过DEA线形成低位金叉，发出转势信号，说明场内空头力量衰竭，多头力量逐渐聚集，后市即将转入多头市场中。此时，投资者可以试探着买进，持股待涨。

图5-15为福田汽车2022年3月至7月的K线图。

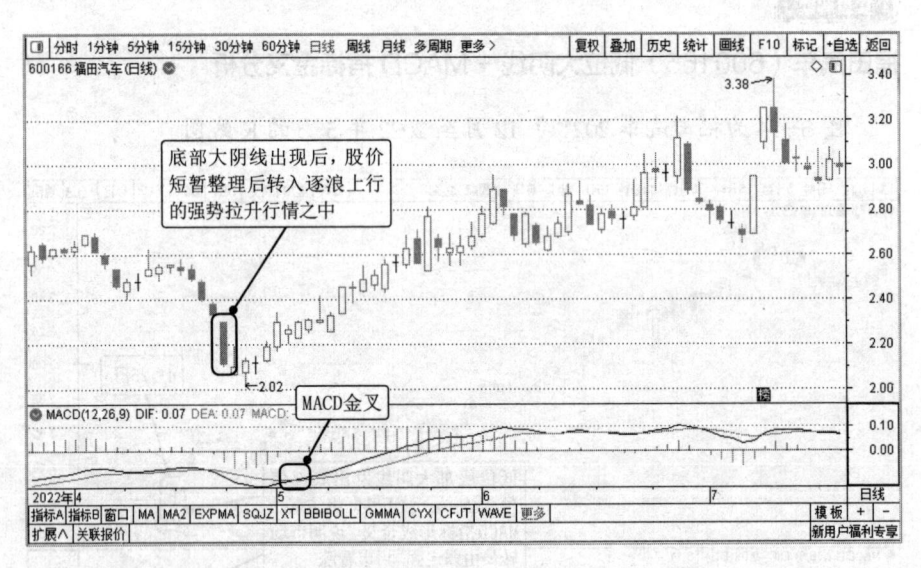

图5-15 福田汽车2022年3月至7月的K线图

从图5-15中可以看到，低位区域K线收出大阴线后，股价筑底横盘，在短暂整理后开始转入逐浪上行的强势拉升行情之中，股价涨势稳定，涨幅较大。

No.06 高位大阴线 + MACD 指标死叉

形态图解

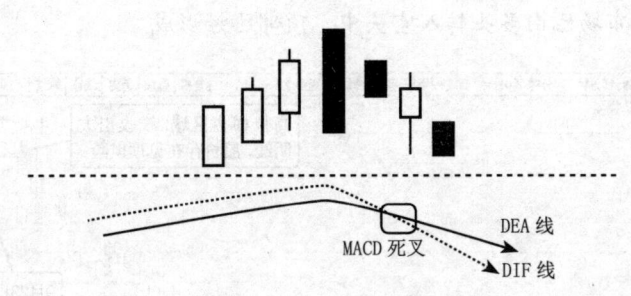

图 5-16 高位大阴线 +MACD 指标死叉示意图

K 线在股价经过一番波动拉升后的高位区域收出大阴线时，投资者要注意保持警惕。虽然大阴线并不代表股价一定会转势下跌，但也有可能形成震荡或进入横盘整理。此时投资者可以结合 MACD 指标来判断，如果 MACD 指标中 DIF 线由上向下穿过 DEA 线形成高位死叉，则说明这一轮上涨行情可能即将结束，后市看空走弱，投资者应立即离场。

操盘法则

当高位大阴线出现时，谨慎的投资者就可以锁定前期收益及时离场了。由于 MACD 指标具有滞后性，因此，当 MACD 指标发出高位死叉信号时，顶部往往已经形成，最佳的离场时间已过，前期没有离场的投资者应尽快离场。

实盘解读

中盐化工（600328）高位大阴线 + MACD 指标死叉分析

图 5-17 为中盐化工 2021 年 6 月至 9 月的 K 线图。

从图 5-17 中可以看到，该股股价处于波动上行的拉升行情中，涨势稳定，涨幅较大。2021 年 9 月，股价向上拉升至 28.00 元价位线上后滞涨，并在该价位线上横盘整理运行，此时涨幅很高，有见顶回落风险。

9 月 23 日，该股平开之后，盘中向下快速滑行，空头占据绝对优势，多头难以反击，最终以一根跌停大阴线报收。K 线在高位区域收出大阴线，见顶风险很大，投资者应立即离场。

此时查看下方的 MACD 指标发现，高位大阴线出现后，DIF 线率先拐头向下运行，且自上而下穿过 DEA 线形成高位死叉，发出强烈的转势信号，进一步说明市场已由多头转入空头中，顶部已经形成。

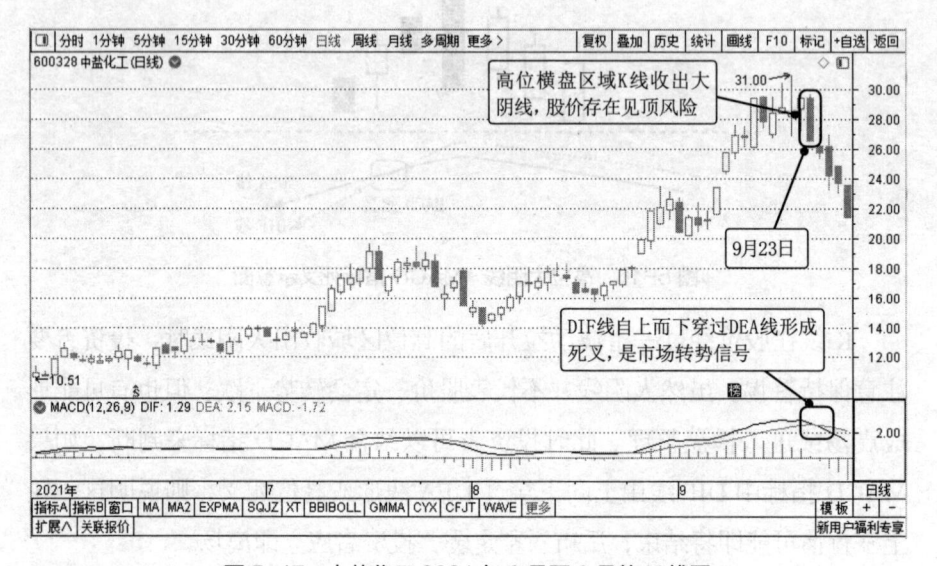

图 5-17　中盐化工 2021 年 6 月至 9 月的 K 线图

图 5-18 为中盐化工 2021 年 9 月至 2022 年 3 月的 K 线图。

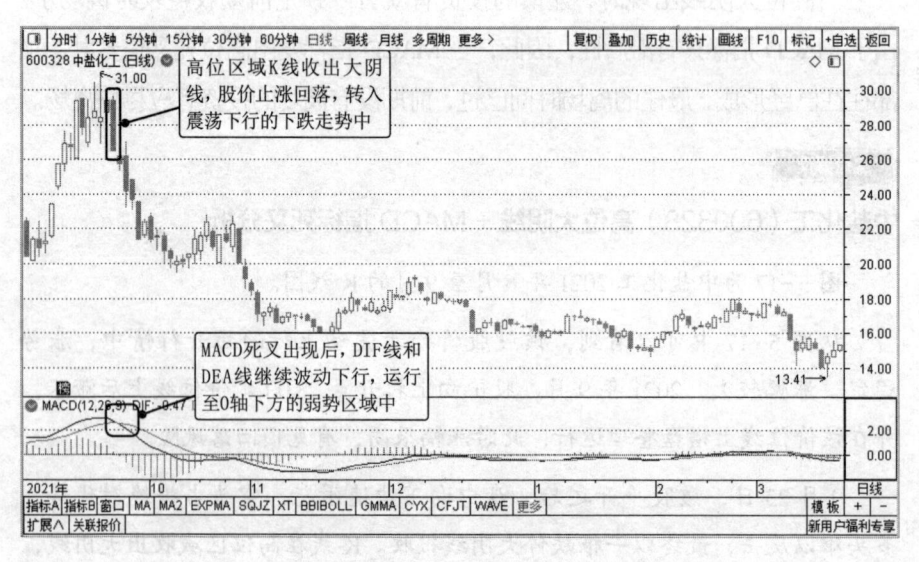

图 5-18　中盐化工 2021 年 9 月至 2022 年 3 月的 K 线图

从图 5-18 中可以看到，K 线在高位区域收出大阴线后形成顶部，随后转入震荡下行的弱势行情之中。MACD 指标也在发出高位死叉转势信号后，同股价一起波动下行，运行至 0 轴下方的弱势区域，并长期在其下方波动运行。

No.07 长上影阴线 + 红柱线逐渐缩短

形态图解

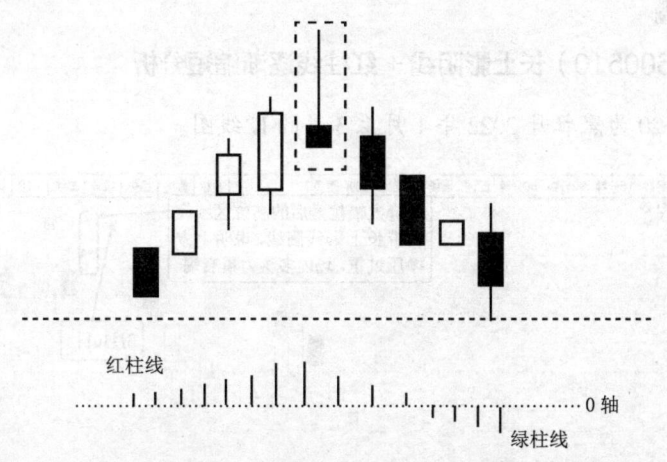

图 5-19 长上影阴线 + 红柱线逐渐缩短示意图

长上影阴线的形成说明上方抛压较重，市场处于一种疲软状态。如果形态在股价上涨后的相对高位区域出现，表示空头力量处于强势阶段，价格有可能会出现下跌调整。如果后续多头力量不能持续放大，那么股价可能会进入下跌或震荡的走势之中。

如果 MACD 指标中的红柱同步缩短，乃至转为绿柱，则可以进一步确认市场行情转向，综合这些信号，投资者可以迅速抛售持股。

操盘法则

MACD 指标的红绿柱表示的是 DIF 线与 DEA 线之间的距离，是多空力量强弱的体现。当 MACD 柱线为红色并开始持续收缩变短时，表明市场上涨动能开始衰减，此时投资者要警惕下跌趋势的形成；当 MACD 柱线由红变绿时，说明市场由多头转入空头，结合长上影阴线发出的上涨乏力信号，投资者应立即离场。

> **重点提示**
>
> 当MACD红柱线开始逐渐收短时，说明市场上涨动能出现缩减，但投资者不能草率将其判定为转势信号。有时候MACD红柱线的缩减只是股价略微回调的表现，后续会再次上涨。因此，投资者需要结合阴线形态综合分析，如果K线收出长上影阴线，则说明市场转弱的可能性较大。

> **实盘解读**

黑牡丹（600510）长上影阴线+红柱线逐渐缩短分析

图5-20为黑牡丹2022年1月至3月的K线图。

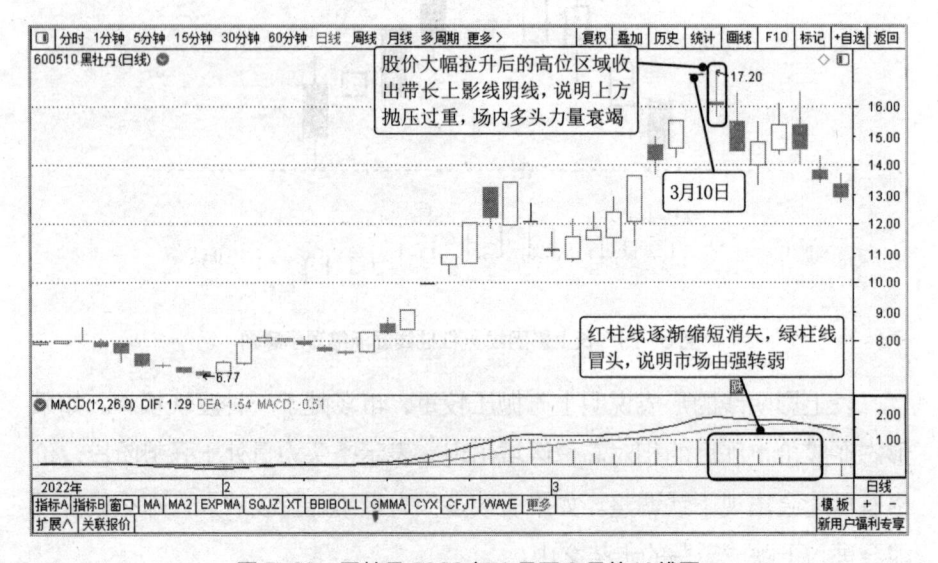

图5-20 黑牡丹2022年1月至3月的K线图

从图5-20中可以看到，2月中旬，股价开始向上震荡拉升表现强势行情，MACD指标柱线为红色，且呈持续放大迹象。3月10日，股价向上高开形成T字涨停，拉升至16.00元价位线上方。第二天，股价低开盘中震荡低走，收出一根带长上影线的小阴线，并创出17.20元的新高。

在股价快速拉升后的高位区域，K线收出带长上影线的阴线，并创出近期最高价，说明场内多头力量衰竭，股价上涨乏力，可能是见顶信号。

此时查看MACD指标发现，T字涨停出现后，MACD红柱线开始持续缩短，并随着价格的下跌而逐渐转绿，是市场由强转弱的信号，投资者可以考虑在此时卖出手中的股票。

图 5-21 为黑牡丹 2022 年 3 月至 9 月的 K 线图。

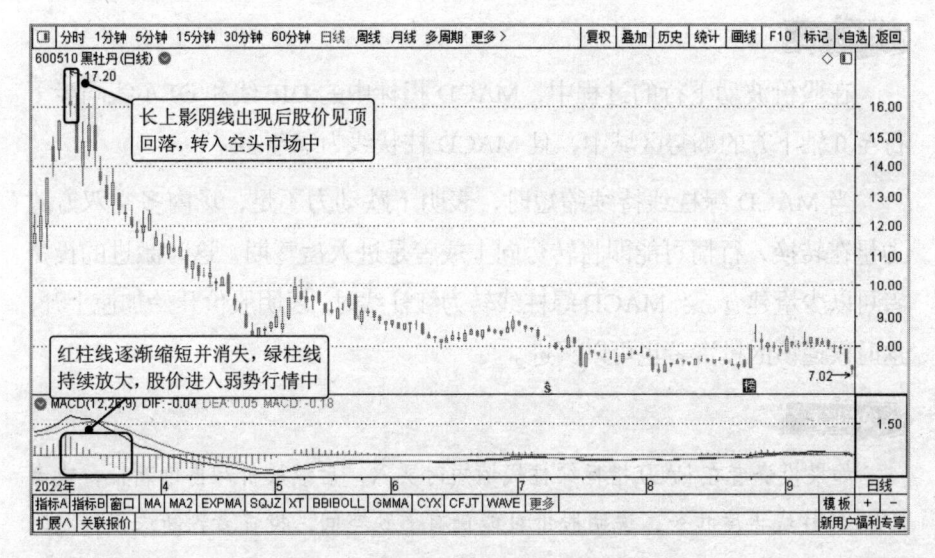

图 5-21　黑牡丹 2022 年 3 月至 9 月的 K 线图

从图 5-21 中可以看到，K 线在高位区域收出长上影阴线后，股价见顶回落转入逐浪下行的空头市场中。MACD 柱线也由红转绿，DEA 线和 DIF 线同步向下运行至 0 轴下方的弱势区域，并长期在 0 轴下方波动运行。

No.08　长下影阴线 + 绿柱线逐渐缩短

形态图解

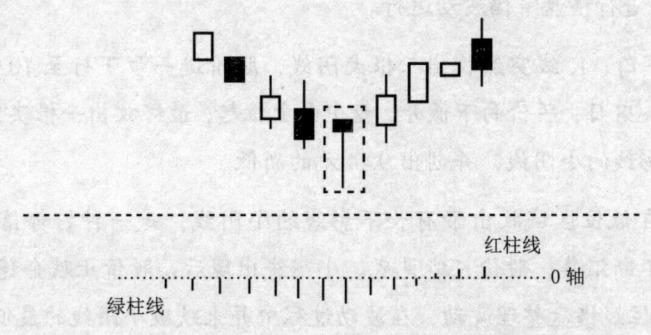

图 5-22　长下影阴线 + 绿柱线逐渐缩短示意图

K线在相对低位区域收出带长下影线的阴线，是一种转势信号，说明多方力量不断汇集，股价可能触底回升，开启一波上涨。如果此时MACD绿柱线也不断变短，则进一步证明下跌即将结束，投资者可以建仓。

操盘法则

在股价波动下行的过程中，MACD指标中的DIF线和DEA线同步下行至0轴下方的弱势区域中，且MACD柱状线为绿色。

当MACD绿柱线持续缩短时，表明下跌动力不足，场内多空双方的力量在转换，行情可能即将转势向上或者是进入盘整期，这时激进的投资者可以少量建仓。当MACD绿柱线转为红柱线时，表明股价开始加速上升，这时候谨慎的投资者也可以买进。

重点提示

如果投资者在MACD指标绿柱线缩短时买入，后续股价却再创新低，或者MACD绿柱线再度拉长，说明股价可能仍有下跌空间，投资者判断失误，此时应采取止损策略以规避风险。

实盘解读

中牧股份（600195）长下影阴线＋绿柱线缩短分析

图5-23为中牧股份2021年3月至9月的K线图。

从图5-23中可以看到，该股处于逐浪下行的弱势行情之中，且跌势沉重。2021年5月，股价下行至11.00元价位线上后跌势渐缓，并在11.00元至12.00元进行横盘窄幅波动运行。

7月下旬，K线突然收出三根大阴线，股价进一步下行至10.00元价位线上。7月28日，股价向下低开，盘中向上拉起，最终收出一根实体较小的，带有长下影线的小阴线，并创出9.44元的新低。

K线在低位区域收出带有长下影线的小阴线，是一种转势信号，说明多方力量不断汇集，股价可能见底。小阴线出现后，股价止跌企稳，并围绕10.00元价位线横盘整理波动，在波动过程中并未跌破小阴线的最低价。

此时再查看 MACD 指标，发现在股价下跌时，MACD 绿柱线继续放大，但当 K 线收出带长下影线的小阴线后，MACD 绿柱线就开始逐渐缩短，直至转红，进一步说明场内多空力量发生转变，后市可能迎来一轮新的上涨。

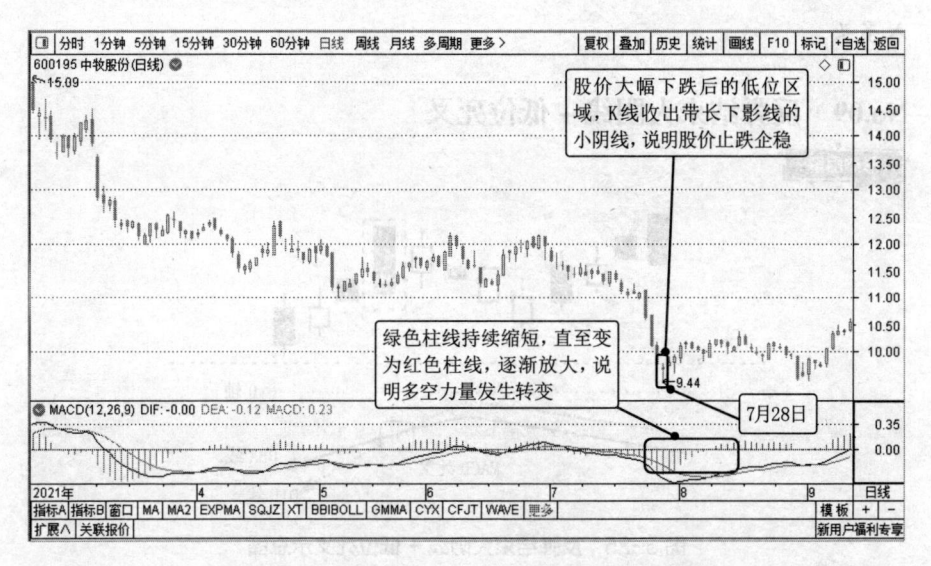

图 5-23　中牧股份 2021 年 3 月至 9 月的 K 线图

图 5-24 为中牧股份 2021 年 7 月至 2022 年 1 月的 K 线图。

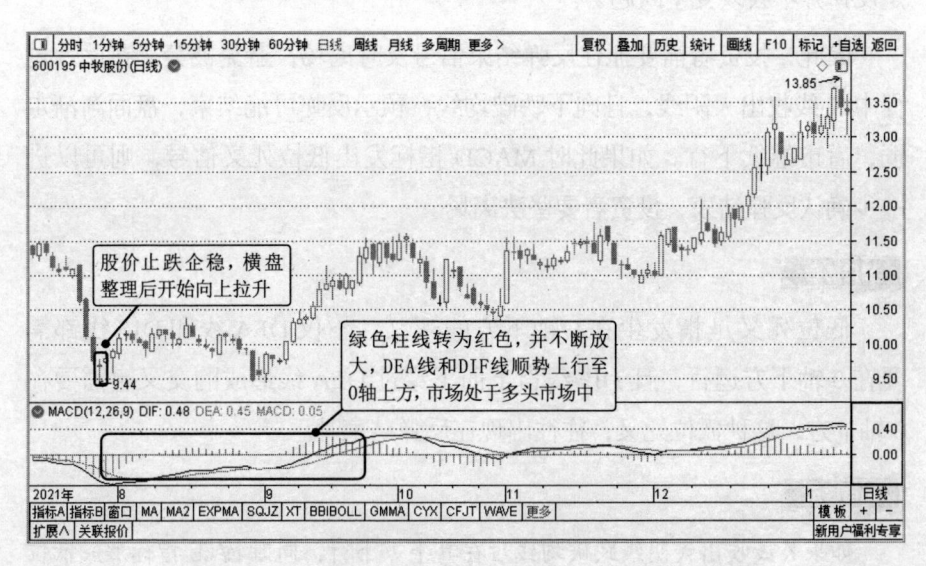

图 5-24　中牧股份 2021 年 7 月至 2022 年 1 月的 K 线图

从图 5-24 中可以看到，K 线收出小阴线见底后横盘整理了一段时间，随后开始向上拉升，开启新一轮强势上涨行情。MACD 红柱线也不断拉长，DEA 线和 DIF 线顺势上行至 0 轴上方的强势区域内波动运行，说明市场转入多头。

No.09　反弹结束大阴线 + 低位死叉

形态图解

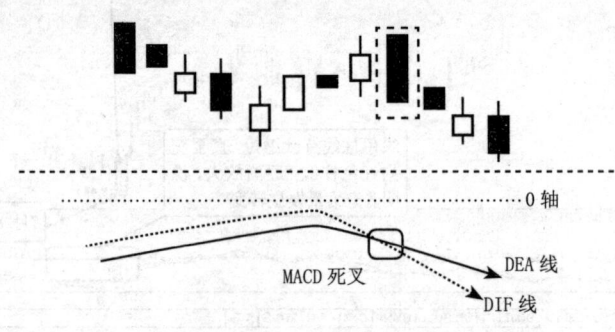

图 5-25　反弹结束大阴线 + 低位死叉示意图

　　反弹是股价下跌走势中的一种逆向趋势，也是投资者的获利机会，但是反弹并不会改变下跌趋势。

　　因此，投资者需要抓住反弹结束信号及时离场，避免被套。在反弹过程中 K 线收出大阴线，且向下跌破均线，预示反弹可能结束，盘面渐渐走弱，后市继续下行。如果此时 MACD 指标发出低位死叉信号，则可以进一步确认反弹结束，投资者要坚决离场。

操盘法则

　　低位死叉是指发生在 0 轴下方的死叉，不仅 DEA 线和 DIF 线都需要在 0 轴下方运行，且 DIF 线自上而下穿过 DEA 线形成的交叉也需要在 0 轴下方，这种低位死叉，往往出现在反弹结束时。

重点提示

　　如果 K 线收出大阴线跌破均线后在其下方下行，同时 MACD 指标形成低位死叉后，DIF 线和 DEA 线向下发散运行，说明空头动能强劲，投资者应坚决离场。

> **实盘解读**

宝光股份（600379）反弹结束大阴线 + MACD 指标低位死叉分析

图 5-26 为宝光股份 2021 年 11 月至 2022 年 3 月的 K 线图。

图 5-26　宝光股份 2021 年 11 月至 2022 年 3 月的 K 线图

从图 5-26 中可以看到，前期该股处于震荡上行的拉升行情之中，股价逐浪上行，涨至 17.00 元价位线附近后滞涨，围绕该价位横向震荡运行一段后形成阶段顶部，随后转入下跌通道之中。

股价向下快速运行，2022 年 2 月，股价运行至 12.00 元价位线附近后止跌企稳，横盘整理一段后 K 线收出连续阳线，进入反弹。与此同时，MACD 指标中的 DIF 线与 DEA 线形成低位金叉，随后向上运行。

但这一波上涨并未持续较长时间，股价上涨至 13.00 元价位线附近时遇阻，并围绕该价位线横盘整理运行，短期均线和中期均线逐渐聚拢。

3 月 15 日，股价向下跳空低开，盘中单边下行，空头处于绝对优势，最终以一根大阴线报收，股价拉低至 11.50 元价位线附近，并跌破均线系统，运行至均线下方，说明空头重新占据市场，这一波反弹结束，后市看跌。

与此同时，查看下方的 MACD 指标发现，在 0 轴下方的弱势区域内，

155.

DIF线自上而下穿过DEA线形成低位死叉,进一步确认这一波反弹行情结束,场内投资者应立即离场。

图5-27为宝光股份2021年12月至2022年5月的K线图。

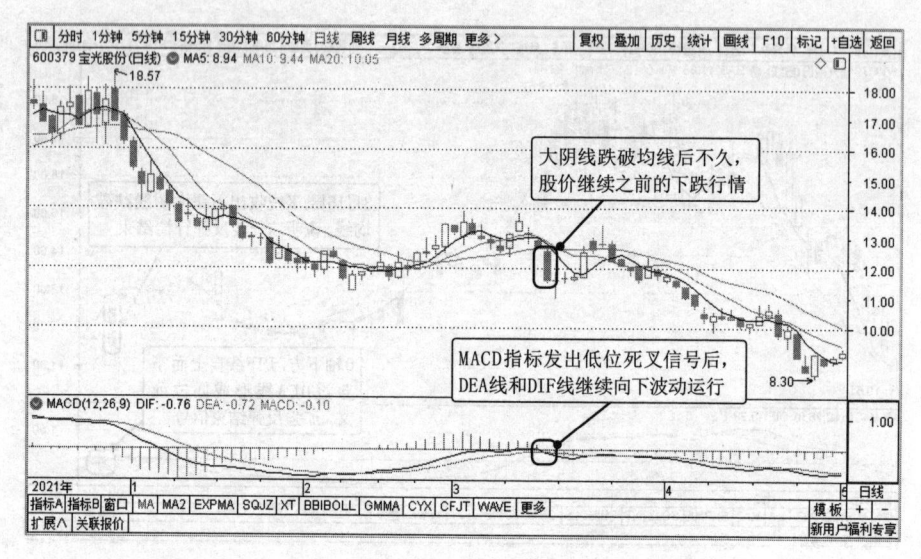

图5-27 宝光股份2021年12月至2022年5月的K线图

从图5-27中可以看到,K线收出大阴线跌破均线后不久,股价便继续下跌,均线呈空头排列。MACD指标发出低位死叉信号后,DIF线和DEA线继续在0轴下方向下运行,说明市场仍然处于空头市场中。

No.10　前期高点收阴回落+红柱缩短

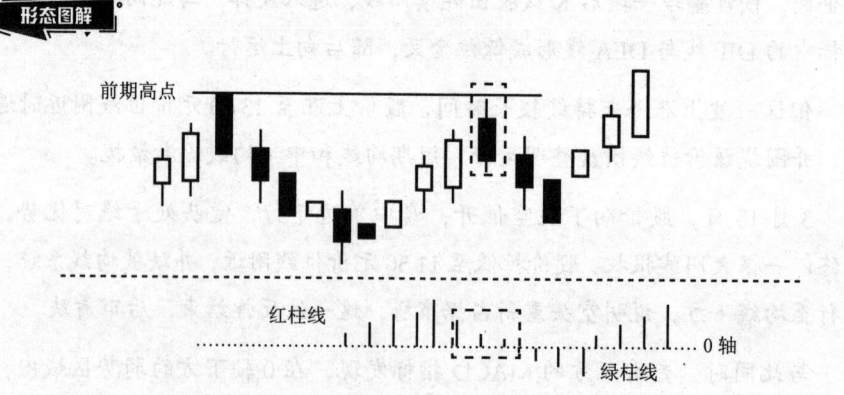

图5-28　前期高点收阴回落+红柱逐渐缩短示意图

当股价开启新一轮上涨行情，并接近前期高点时遇阻，K 线收阴回落，如果此时距离起涨点较近，则预示股价可能将进入回调整理阶段。此时，如果 MACD 红柱线配合缩短，则进一步证明回调即将来临，虽然目前空方还没完全占据主导地位，但是随着多方力道的减弱，空方反攻力道会增强，所以，投资者出局观望是明智之举。

操盘法则

当股价上涨至前期高点附近时遇阻收阴回落，说明场内有许多投资者将其视为卖出机会而抢跑离场，所以股价止涨回落。对于场内的投资者来说，前期高点是一个重要的阻力位，股价如果不能有效突破，则可能继续回调整理或彻底转入下跌走势中。为避免被套，当 K 线收阴止涨，MACD 红柱线逐渐缩短时，投资者就应该逢高离场。

股价回调下行，只要没有跌破最低点，就可以认为涨势未变，投资者可继续观望，一旦股价止跌回升向上突破前期高点时，便可买进，激进的投资者还可以在股价止跌企稳时就跟进。

重点提示

DIF 线和 DEA 线都在 0 轴以上运行表现强势行情，一旦 MACD 红柱线慢慢收缩，说明股价的涨势逐渐减弱，短期将面临调整，但整体依旧走牛。

实盘解读

青海春天（600381）前期高点遇阻收阴＋红柱缩短分析

图 5-29 为青海春天 2021 年 7 月至 2022 年 2 月的 K 线图。

从图 5-29 中可以看到，股价经过一番下跌后运行至 6.00 元价位线附近止跌企稳，横盘整理一段时间后，从 2021 年 12 月初开始向上缓慢攀升，转入拉升行情之中。

股价逐浪上行涨速较快，2022 年 1 月上旬，股价上行至前期高点 11.00 元价位线附近时，K 线突然收出一根带有长上影线的阴线，说明上方抛压较重，股价难以继续上行，后市可能转入回调走势中。第二天，股价继续低开低走收出小阴线，确认这一回调信号。

此时查看MACD指标发现，股价波动上行时，DIF线和DEA线纷纷向上运行至0轴以上区域表现强势行情，MACD红柱线放大。当K线收阴回落时，MACD红柱线慢慢缩短，说明市场中的多头动能逐渐减弱，股价短期将面临调整。场内投资者此时可以逢高抛售，避免被套。

随后股价波动下行，进入回调走势中。当下行至7.00元价位线上时，股价止跌企稳，接着K线收出连续阳线向上拉升，MACD绿柱线不断缩短，说明市场中的多空动能发生转变，回调结束，继续表现上涨行情。

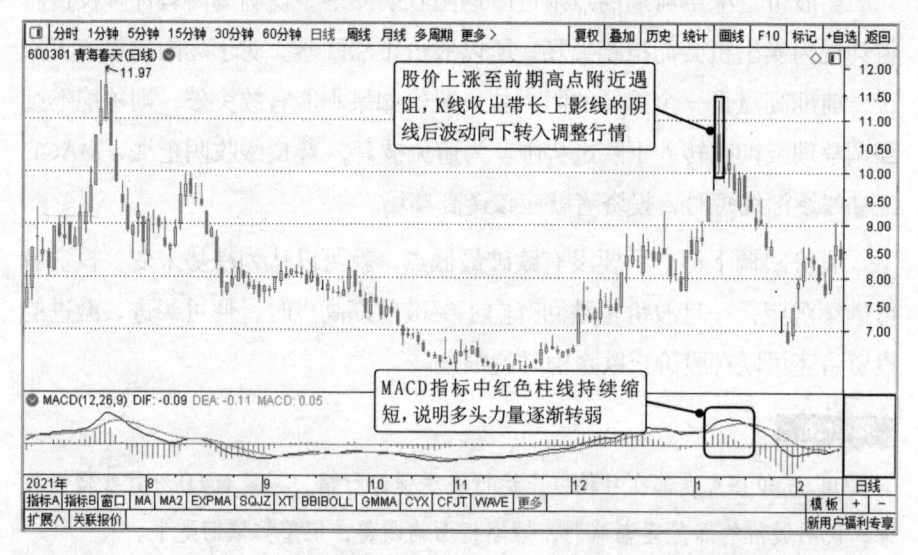

图 5-29　青海春天 2021 年 7 月至 2022 年 2 月的 K 线图

三、阴线与 BOLL 指标结合

BOLL 指标又叫布林通道线指标，是一种非常实用的技术分析指标。BOLL 指标由三条曲线组合而成，从上到下分别是上轨线（上限）、中轨线（分界线）和下轨线（下限），上下轨线形成了一个带状区，股价波动在上限和下限的区间之内。

BOLL 指标的上下轨线并不固定，这条带状区的宽窄会随着股价波动幅度的大小而变化，股价涨跌幅度加大时，带状区变宽，涨跌幅度狭小时，带状区则变窄。当 K 线突破或跌破 BOLL 指标的上下轨线时，说明市场处于极端行情中，股价可能在短时间内出现拐点，投资者需要注意。

No.11　阴线自上而下跌破上轨线

形态图解

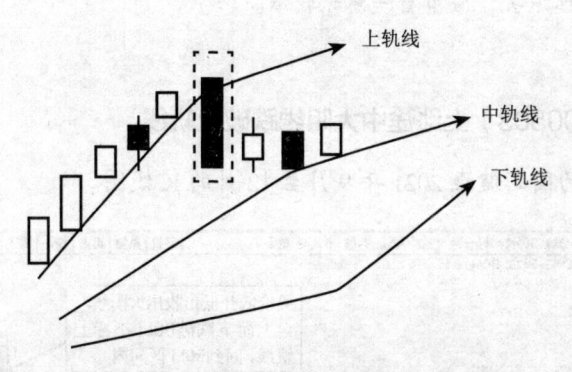

图 5-30　阴线自上而下跌破上轨线示意图

股价在 BOLL 指标上轨线上方运行，说明个股刚刚经历了一波快速大幅拉升，后续回调或下跌的概率较大。此时 K 线收出一根阴线，使得股价自上而下跌破上轨线，回到 BOLL 区间内，说明这一波快速拉升行情结束，回调行情启动。

操盘法则

阴线自上而下跌破 BOLL 指标上轨线，并不一定意味着转势出现，投资者需要结合后市走势来判断。

如果 K 线收出阴线跌破上轨线后继续向上运行，说明市场仍然处于强势上涨行情中，投资者可以继续持有股票。

如果 K 线收出阴线跌破上轨线后继续下行，遇到中轨线获得支撑而止跌企稳，说明市场中多头仍然占据优势，上涨趋势并未发生改变，投资者可以继续持股。但是，如果股价在中轨线位置没有获得支撑，甚至跌到下轨线之外，投资者则应及时离场。

重点提示

◆ 前期股价在 BOLL 上轨线上方运行持续的时间越长，涨幅越大，市场中的多头能量消耗越大，后市股价下跌的可能性也越大。

◆ 当股价在 BOLL 上轨线上方运行时，成交量快速缩量，说明多头力量在快速退去，后市看跌意味较浓。

实盘解读

国新健康（000503）上涨途中大阴线跌破上轨线

图 5-31 为国新健康 2021 年 9 月至 12 月的 K 线图。

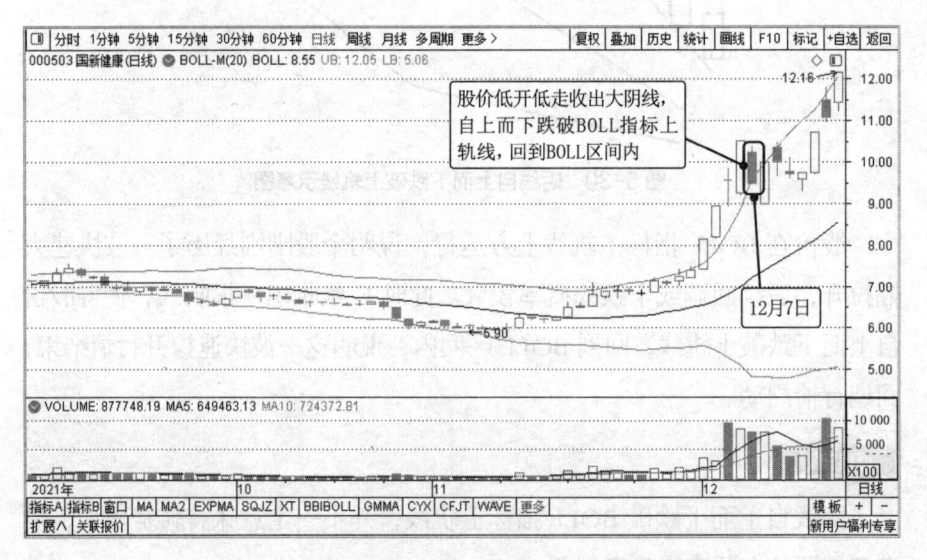

图 5-31　国新健康 2021 年 9 月至 12 月的 K 线图

从图 5-31 中可以看到，前期股价处于不断下行的弱势行情中，经过一番下跌后运行至 6.00 价位线上止跌企稳，并在该价位线上横盘整理。2021 年 11 月上旬，股价开始放量上涨，开启新一轮上涨行情。

2021 年 12 月初，股价上涨至 7.50 元价位线附近后，K 线突然收出连续涨停大阳线大幅拉升，短短几个交易日的时间便将股价拉升至 10.00 元价位线上方，并向上突破 BOLL 指标上轨线，沿着上轨线向上运行，说明市场正处于强势拉升行情中。

但是，这样的急速拉升并没有维持较长时间，12月7日，K线低开低走收出一根大阴线，自上而下跌破上轨线，回到BOLL区间内，说明前期股价上涨太快、太猛，需要修正调整，但并不意味着行情转势。

仔细观察可以发现，股价回落至BOLL区间内后并未继续下行，而是在10.00元价位线上横盘整理，随后继续沿着上轨线上行，说明个股上涨趋势并未发生改变。

此时的价格距离起涨点较近，上涨幅度并不算大，后市股价继续拉升上涨的可能性非常大，所以投资者可以追涨。

图5-32为国新健康2021年11月至2022年1月的K线图。

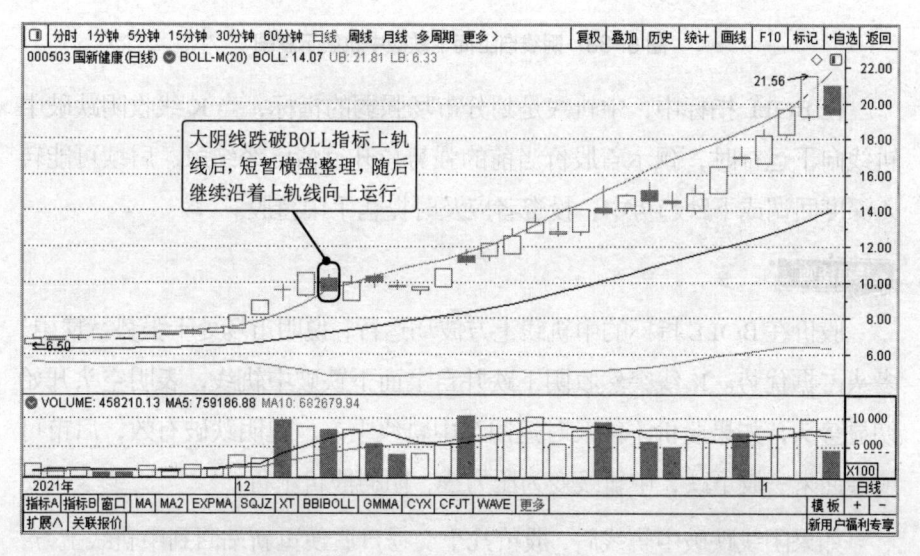

图5-32　国新健康2021年11月至2022年1月的K线图

从图5-32中可以看到，大阴线自上而下跌破BOLL指标上轨线后，股价很快继续向上波动上行，上涨势头猛烈，截至2022年1月，最高上涨至21.56元，涨幅巨大。

如果前期投资者在阴线跌破BOLL指标上轨线，并得到支撑后买入跟进，即有机会抓住这一大波上涨收益。

No.12 阴线自上而下跌破中轨线

形态图解

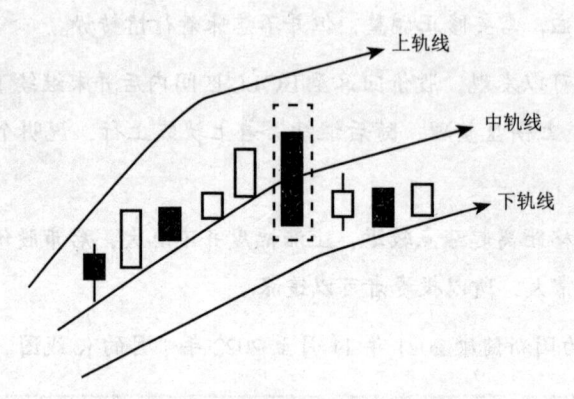

图 5-33 阴线自上而下跌破中轨线示意图

在 BOLL 指标中，中轨线是划分市场强弱的指标，当 K 线收阴跌破中轨线向下运行时，预示着股价当前的强势拉升行情已经结束，后续可能转入深度回调或下跌趋势中，投资者应及时抛售手中持股。

操盘法则

股价在 BOLL 指标的中轨线上方波动运行，说明市场处于强势行情中，多头占据优势。K 线突然收阴下跌并自上而下跌破中轨线，表明空头开始初显势头，如果股价不能及时返回至中轨线上方，说明跌破有效，后市可能会迎来一波下跌，中轨线变为压力线，阻碍股价上行。

如果阴线跌破中轨线后，股价几个交易日后便重新站回到中轨线上方，则说明跌破无效，阴线只是上涨途中的调整，后市继续看涨。

重点提示

- 在阴线跌破中轨线时，投资者可以不必急于作出决策，应该耐心等待市场走势明朗，确认跌破有效时再离场。

- 除了阴线跌破中轨线的信号之外，投资者还可以结合股价位置来进行综合分析。如果在股价大幅上涨后的相对高位区域，K 线收阴跌破中轨线，则股价转势下跌的可能性更大，投资者应以锁定收益为佳。

> **实盘解读**

新金路（000510）高位大阴线自上而下跌破中轨线

图 5-34 为新金路 2021 年 3 月至 10 月的 K 线图。

从图 5-34 中可以看到，该股处于强势拉升的上涨行情之中。2021 年 7 月，股价上涨至 5.00 元价位线以上后稳定攀升，整体在 BOLL 指标上轨线与中轨线形成的通道内波动上行，表现强势，涨势稳定。

9 月上旬，股价上涨至 7.50 价位线上后止涨，并在附近横盘整理运行，此时相较于前期 4.00 元左右的低点，该股这一轮上涨累计涨幅约为 87.5%，处于高位风险区域。

9 月 27 日，股价向下低开低走收出一根跌停大阴线，跌至 6.50 元价位线上的同时，还自上而下跌破了中轨线。

在此之后，虽然股价没有继续下行，但是也没有回到中轨线上方，说明跌破有效，市场中多空力量发生转变，空头占据优势，股价可能见顶回落，转入下跌趋势之中。

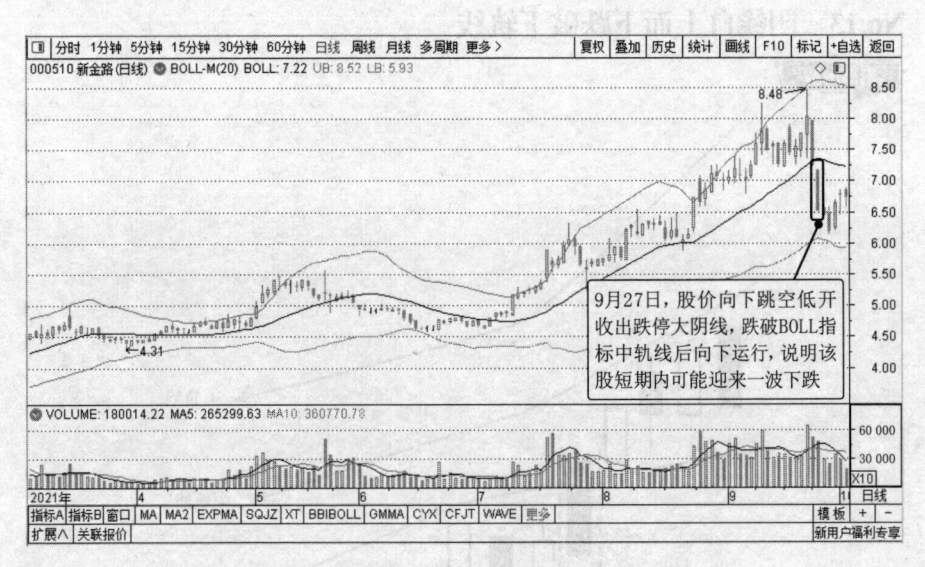

图 5-34　新金路 2021 年 3 月至 10 月的 K 线图

图 5-35 为新金路 2021 年 8 月至 2022 年 1 月的 K 线图。

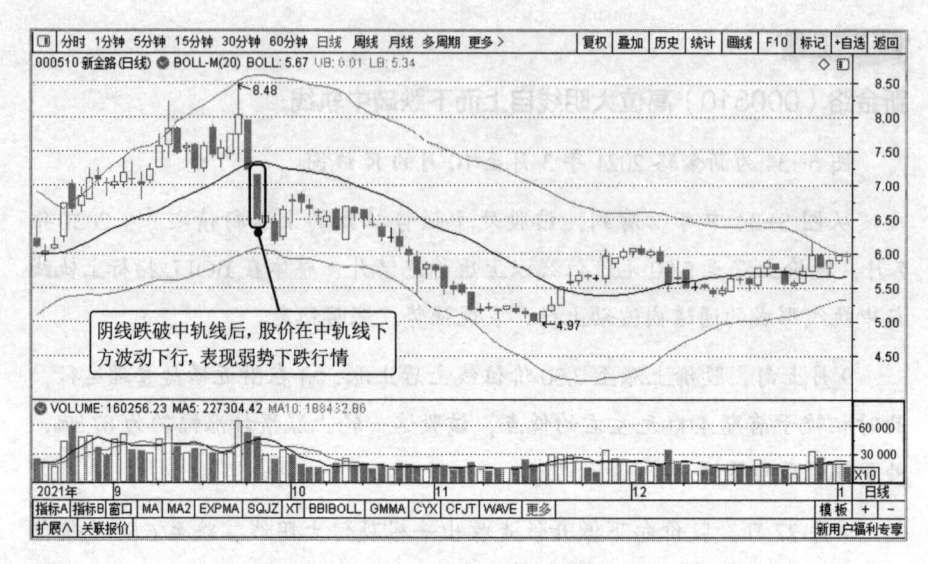

图 5-35　新金路 2021 年 8 月至 2022 年 1 月的 K 线图

从图 5-35 中可以看到，大阴线自上而下跌破中轨线后，该股阶段顶部形成，运行至中轨线下方震荡下行。

No.13　阴线自上而下跌破下轨线

形态图解

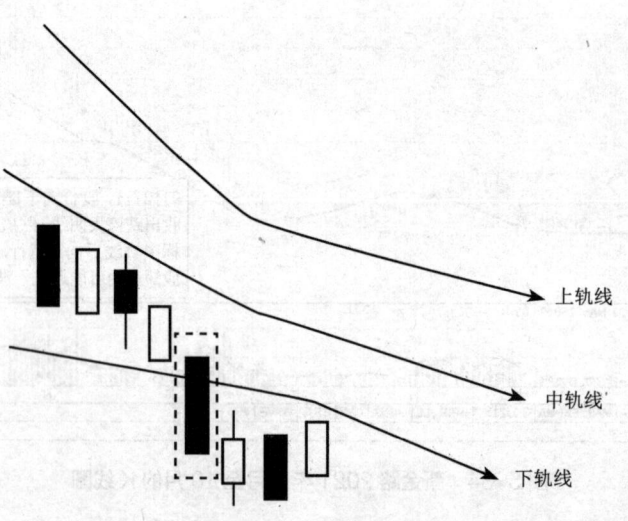

图 5-36　阴线自上而下跌破下轨线示意图

股价在 BOLL 指标中轨线和下轨线形成的通道内波动下行，表现弱势行情时，K 线收阴跌破下轨线，使得股价进一步下跌，说明当前市场已经进入了极度弱势的行情中。

操盘法则

股价在正常波动的走势中，并不经常脱离到 BOLL 通道以外运行。当 K 线收阴跌破 BOLL 下轨线时，说明当前市场已经进入了极度弱势的状态中，但这种弱势行情并不会持续较长时间，股价很可能会在不久之后见底反弹，因此，这是一个看涨买入信号。

当股价回升突破下轨线，再次回到 BOLL 通道以内时，说明股价已经有了上涨的迹象，此时投资者可以买入股票。买入后，投资者可以继续观察后市行情走向。

如果股价回到 BOLL 通道内之后不能持续上涨，而是沿着 BOLL 下轨线持续下跌，就说明下跌行情还在继续，此时投资者应该卖出手中的持股及时止损。

重点提示

◆ 阴线跌破 BOLL 指标下轨线后，股价在 BOLL 通道下方运行的时间越长，市场上的空方力量消耗就会越严重，未来股价见底反弹后上涨的动能也就越强烈。

◆ 如果股价在 BOLL 下轨线下方向上突破时成交量逐渐放大，则说明有大量资金注入助力股价上涨，形态的看涨信号会更加强烈。

实盘解读

保利发展（600048）阴线自上而下跌破下轨线

图 5-37 为保利发展 2021 年 2 月至 8 月的 K 线图。

从图 5-37 中可以看到，该股处于震荡下行的弱势行情之中，股价在中轨线和下轨线形成的通道内波动下行。

此时，中轨线为压力线，下轨线为支撑线，当股价下行至下轨线附近时获得支撑而向上，上行至中轨线附近时遇阻而回落。

2021年7月26日，股价开盘后盘中单边下行，最终以一根大阴线报收。这根大阴线向下跳空形成缺口，并跌破BOLL指标下轨线，说明市场正处于极度弱势的状态中。

但因为个股经过大幅下跌后，空头动能基本释放完全，此时的大阴线大概率是股价见底信号，后市可能迎来反弹。

从后续的走势可以看到，股价下行至10.00元价位线上后止跌企稳，横盘整理过程中重新回到了BOLL区间内，随后下方成交量放大，股价拐头上行，说明市场中的多头力量聚集，新一轮上涨行情启动，投资者可以买进。

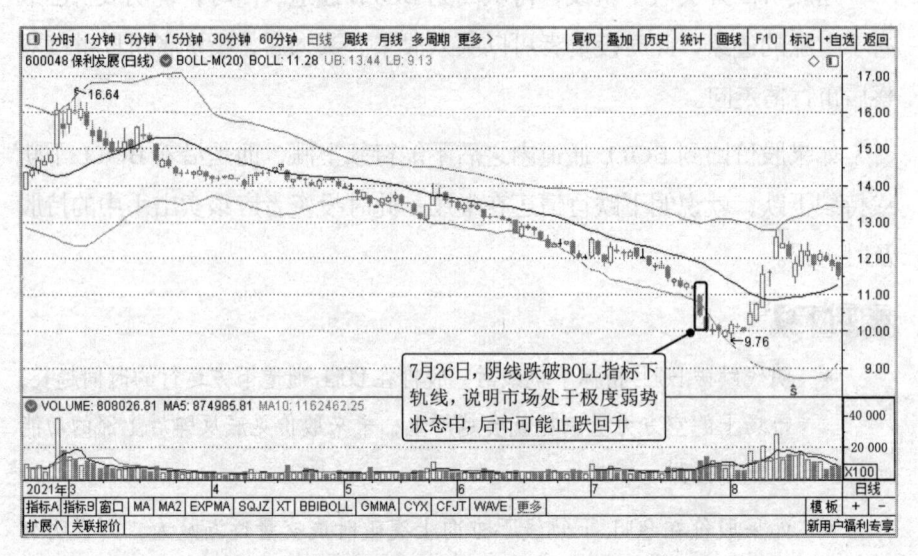

图5-37　保利发展2021年2月至8月的K线图

图5-38为保利发展2021年7月至2022年4月的K线图。

从图5-38中可以看到，阴线跌破BOLL指标下轨线后不久，股价便放量拉升自下而上突破中轨线，开启了一轮大幅的、长期的强势拉升行情，整体趋势向好。

如果投资者操作得好，就有机会在相对低位抄底买进，实现成本的降低。后续股价上涨过程中的回调位置都是买点，投资者也可以适当加仓。

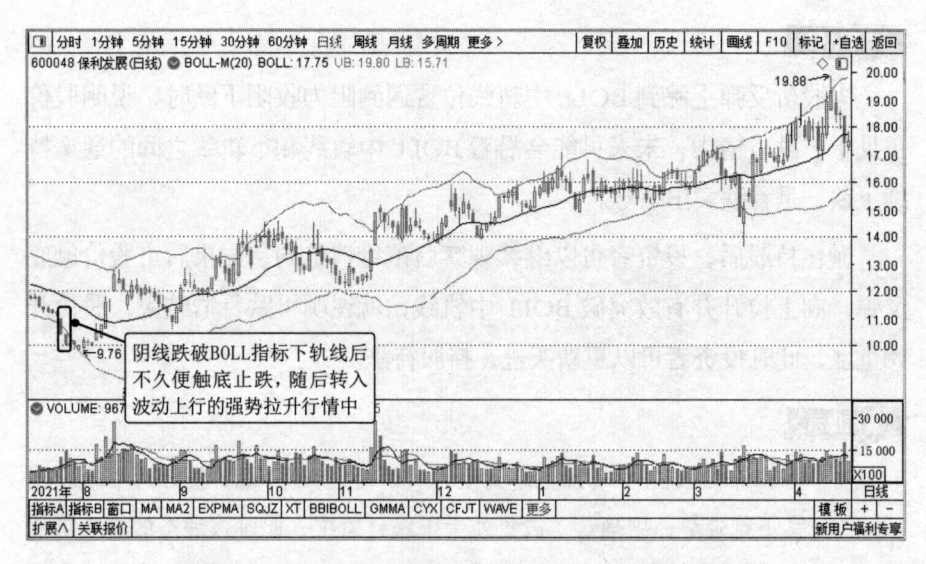

图 5-38　保利发展 2021 年 7 月至 2022 年 4 月的 K 线图

No.14　股价反弹至中轨线附近收阴回落

形态图解

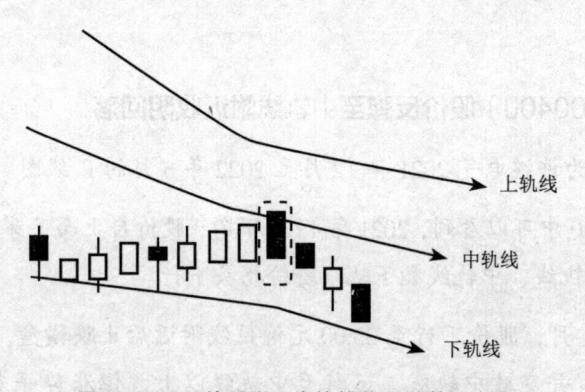

图 5-39　股价反弹至中轨线收阴回落示意图

BOLL 指标的中轨线本身是一条移动平均线，在股价涨跌过程中，这条曲线往往能够对股价形成一定的压制和支撑作用。在下跌趋势中，股价在中轨线和下轨线形成的通道内向下运行，某一时刻止跌反弹至中轨线附近时 K 线收阴，说明中轨线对股价有较强阻力，该股这一波下跌还未结束，投资者应逢高卖出手中持股。

> **操盘法则**

当股价反弹上涨到 BOLL 中轨线位置遇到阻力收阴下跌时，说明股价正处于下跌行情中，未来可能会沿着 BOLL 中轨线和下轨线之间的通道持续下跌，是看跌卖出信号。

抛售持股后，投资者可以继续观察后市行情走向。如果后市股价触底反弹，向上拉升并有效突破 BOLL 中轨线，就说明下跌行情结束，股价开始上涨，此时投资者可以重新买进，持股待涨。

> **重点提示**

- 当股价在 BOLL 中轨线上遇到阻力收阴时，如果 BOLL 指标的中轨线也呈下行走势，则确认了股价处于下跌行情中，此时该形态的看跌信号会更加强烈。
- 在下跌行情中，股价往往会沿着 BOLL 中轨线和下轨线之间的通道持续向下运行，这样的形态说明下跌行情还将持续，短期内很难彻底转势。因此，在这个过程中，投资者应该尽量减少交易，回避风险。

> **实盘解读**

许继电气（000400）股价反弹至中轨线附近收阴回落

图 5-40 为许继电气 2021 年 12 月至 2022 年 5 月的 K 线图。

从图 5-40 中可以看到，2021 年 12 月下旬，股价自上而下穿过中轨线后，BOLL 指标上轨线、中轨线和下轨线纷纷拐头下行。

2022 年 1 月，股价下行至 25.00 元价位线附近后止跌横盘，随后开始向上小幅拉升，并突破中轨线，运行至中轨线以上，但涨势并未持续，1 月 20 日，K 线便收阴止涨回落，股价重新跌回中轨线附近，说明市场仍然处于弱势之中，前期没有及时离场的投资者可以趁此机会逢高抛售持股。

2 月中旬，股价下行至 20.00 元价位线附近后再次止跌横盘，在整理过程中股价小幅向上拉升，运行至中轨线附近时 K 线再次收阴拐头下行，说明中轨线对股价上涨有较强阻力，场内的多头力量薄弱，难以突破这样的阻力，后市继续看空。

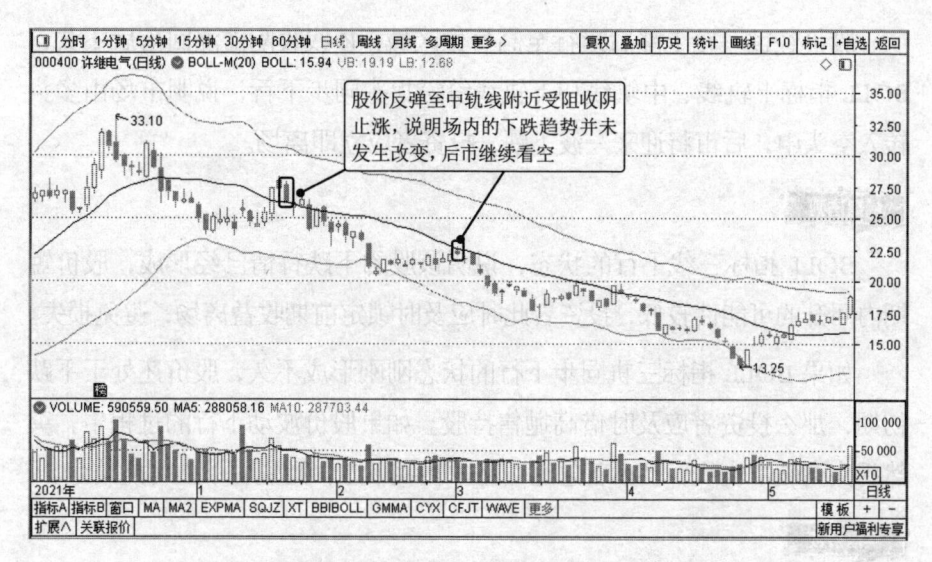

图 5-40　许继电气 2021 年 12 月至 2022 年 5 月的 K 线图

继续来看后面的走势。因为股价始终在中轨线和下轨线之间波动运行，说明市场处于极度弱势之中，短期内很难彻底转势，所以，投资者需要尽早逢高离场，避免损失。

4 月底，股价下行至 15.00 元价位线下方，创出 13.25 元的新低后再次止涨回升，这一次股价上行至中轨线附近时，K 线继续收阳且有效突破中轨线，说明个股短期看涨，投资者可以在此位置试探性买入。

No.15　K 线收阴下跌 BOLL 三线同步下行

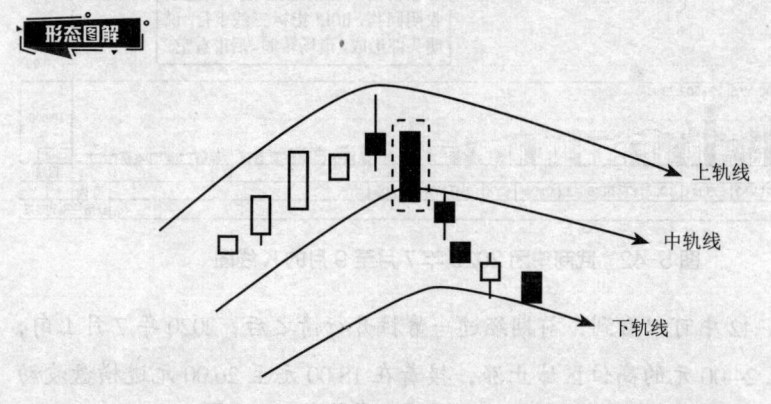

图 5-41　K 线收阴下跌 BOLL 三线同步下行示意图

股价经过一轮上涨后运行至高价位区域，K 线收阴滞涨回落后不久，BOLL 指标上轨线、中轨线和下轨线纷纷拐头同步下行，说明市场由多头转入空头中，后市将迎来一波下跌，投资者应立即离场。

操盘法则

BOLL 指标三线下行的状态，说明该股的下跌行情已经形成，股价短期内回升的可能性较低，投资者此时应及时锁定前期收益离场，避免损失。

如果 BOLL 指标三轨同步下行的状态刚刚形成不久，股价还处于下跌初期，那么投资者应及时借高抛售持股。如果股价波动下行的过程中，突然拐头突破中轨线，且不着急返回至中轨线下方，则说明下跌可能结束。

实盘解读

武商集团（000501）股价收阴 BOLL 指标三线下行

图 5-42 为武商集团 2020 年 7 月至 9 月的 K 线图。

图中标注：在股价的高位横盘区域，K线连续收阴回落，BOLL 指标三线下行，说明头部形成，市场转弱，后市看空。

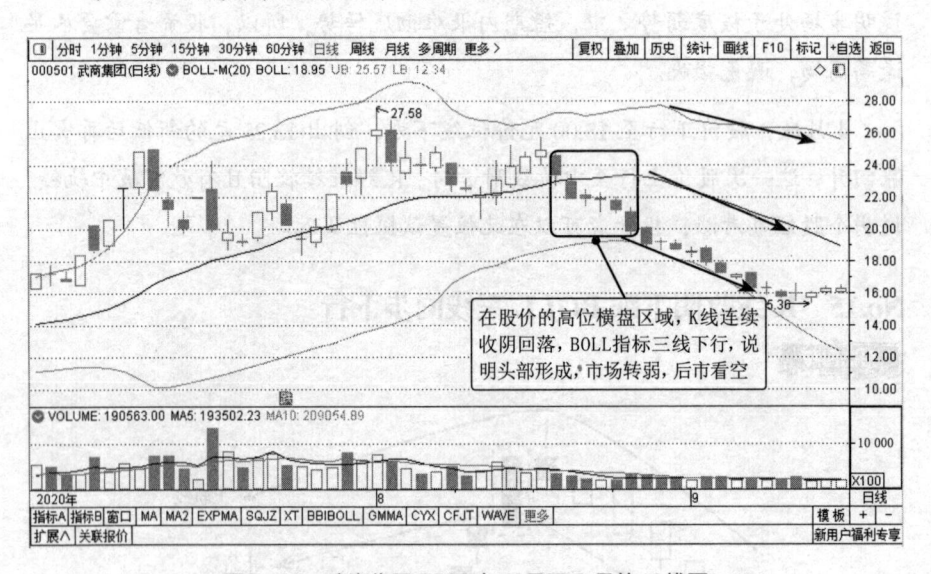

图 5-42　武商集团 2020 年 7 月至 9 月的 K 线图

从图 5-42 中可以看到，前期经过一番拉升行情之后，2020 年 7 月上旬，股价上涨至 24.00 元的高位区域止涨，接着在 18.00 元至 26.00 元进横盘波动运行。

2020年8月下旬，K线突然连续收阴下跌，打破股价横盘状态，在股价下行后不久，BOLL指标的上轨线、中轨线和下轨线纷纷拐头向下运行，说明市场转入空头中，后市将开启一波下跌，投资者应立即离场。

图5-43为武商集团2020年8月至2021年2月的K线图。

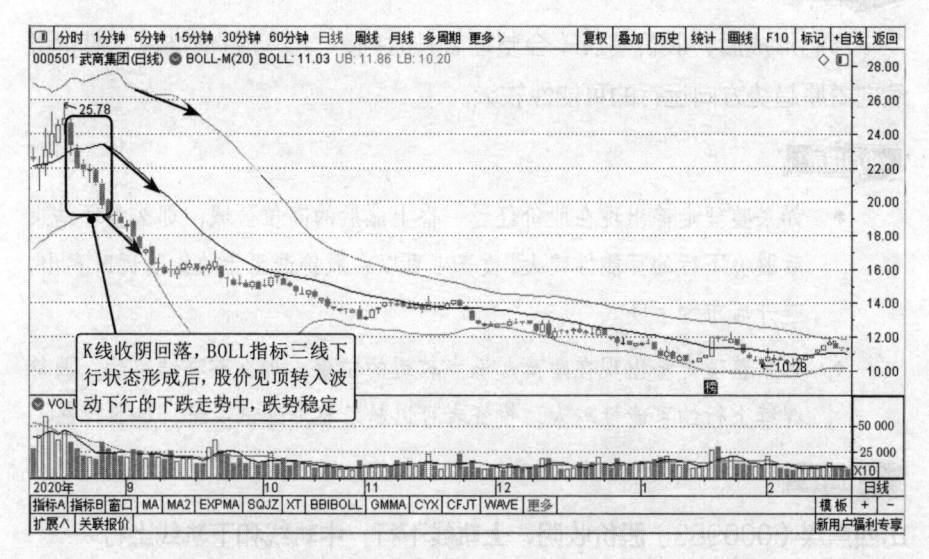

K线收阴回落，BOLL指标三线下行状态形成后，股价见顶转入波动下行的下跌走势中，跌势稳定

图5-43　武商集团2020年8月至2021年2月的K线图

从图5-43中可以看到，K线连续收阴回落，BOLL指标三线下行后，股价转入弱势行情之中，在中轨线和下轨线形成的通道内向下运行。

No.16　股价收阴，上轨线下行，中轨线和下轨线上行

形态图解

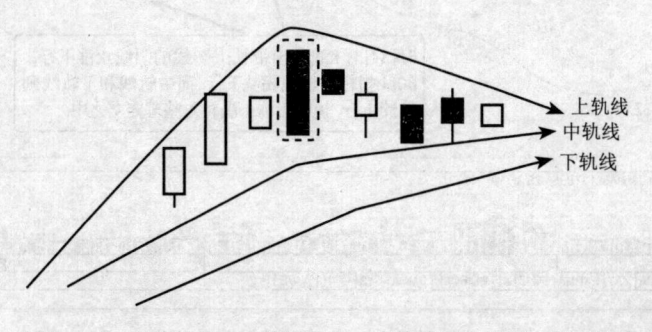

图5-44　股价收阴，上轨线下行，中轨线和下轨线上行示意图

BOLL 指标的上轨线、中轨线和下轨线运行的方向并不总是一致的，当 K 线收阴滞涨后，若 BOLL 指标上轨线拐头下行，但中轨线和下轨线却向上运行，说明股价处于横盘波动整理的态势之中。

操盘法则

形态形成后，股价一般不会整理太长时间，当整理行情结束，股价继续向着原趋势方向运行的可能性较大。

重点提示

- 如果整理走势出现在股价经过一番上涨后的高位区域，那么整理结束后股价下行的可能性较大，投资者可以在股价涨至上轨线附近时卖出，避开后市的下跌。

- 如果整理走势出现在距离起涨点较近的位置，那么整理结束后，股价继续上行的可能性较大，投资者可以趁着整理逢低买进，持股待涨。

实盘解读

山西焦煤（000983）股价收阴，上轨线下行，中轨线和下轨线上行

图 5-45 为山西焦煤 2021 年 4 月至 8 月的 K 线图。

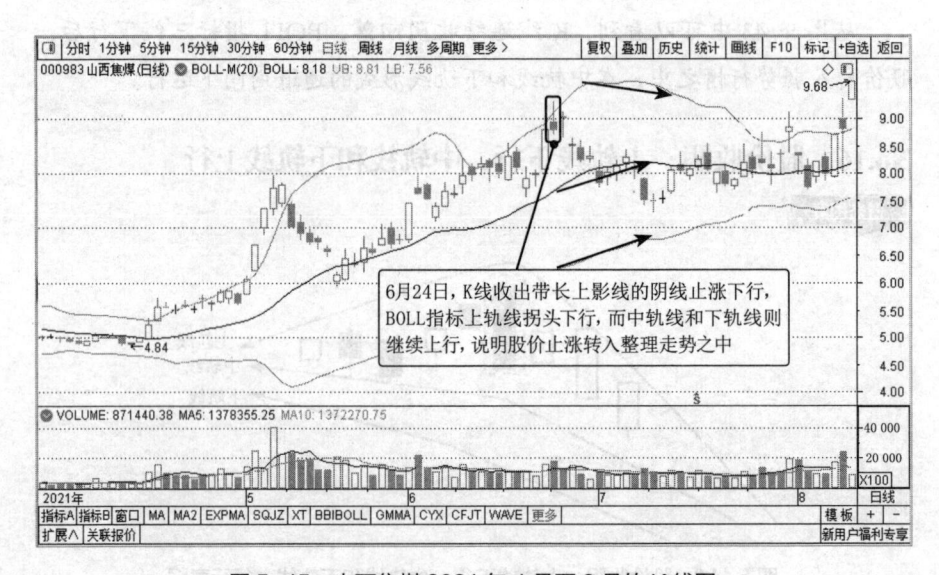

图 5-45　山西焦煤 2021 年 4 月至 8 月的 K 线图

从图 5-45 中可以看到，2021 年 4 月中旬，该股从 5.00 元价位线附近的低位处开始向上拉升，向上突破中轨线后，在上轨线和中轨线形成的通道内波动上行，表示强势拉升行情。

6 月 24 日，股价上行至上轨线附近后，K 线收出一根带长上影线的阴线止涨回落，股价下行至中轨线后并没有获得支撑而重新上行，而是围绕中轨线波动，走势暂不明朗。

与此同时，查看 BOLL 指标发现，在股价止涨回落的过程中，上轨线拐头下行，而中轨线和下轨线则继续上行，三线形成背离，说明股价进入横盘整理走势之中。

由于此时距离起涨点较近，累计涨幅并不大，且股价下行时下方成交量没有放量，说明此时大概率是股价上涨途中的回调整理，后市继续向上拉升表现上涨的可能性较大。

图 5-46 为山西焦煤 2021 年 4 月至 9 月的 K 线图。

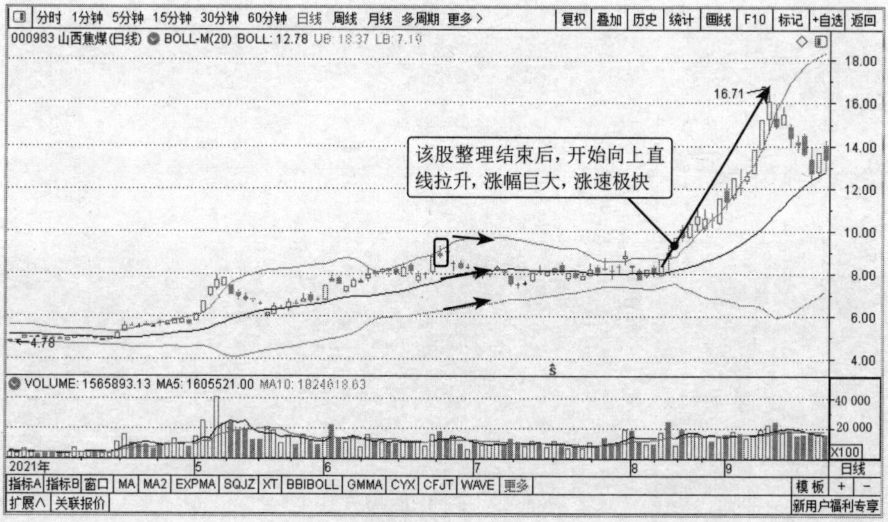

图 5-46　山西焦煤 2021 年 4 月至 9 月的 K 线图

从图 5-46 中可以看到，K 线收阴止涨，BOLL 指标上轨线下行，中轨线和下轨线上行状态形成后，个股转入横盘整理的波动走势之中。

这一番整理持续了近一个月的时间，8月上旬，股价整理结束再次向上快速攀升，表现之前的上涨行情，且涨速极快，涨幅较大。

短短一个月的时间，股价就拉升至16.00元价位线上方，相较于8.00元左右的横盘价位，涨幅约100%。如果前期投资者识别清楚这一整理信号，便有机会抓住这一波收益。

最后，需要提醒各位投资者，本书所介绍的操盘手法与技巧仅作为参考，不代表与实际走势绝对契合。因此，投资者在操作时要切忌盲目跟从，也不要以书本理论为绝对标准进行操盘，要结合实际情况具体分析。